진짜 아버지

진짜 아버지

초판 1쇄 발행 | 2026년 1월 12일

지 은 이 | 박예영
펴 낸 이 | 이한민
펴 낸 곳 | 아르카
총　 판 | 비전북

등록번호 | 제307-2017-18호
등록일자 | 2017년 3월 22일
주　 소 | 서울 성북구 숭인로2길 61 길음동부센트레빌 106-1805
전　 화 | 010-9510-7383
이 메 일 | arca_pub@naver.com

홈페이지 | www.arca.kr
블 로 그 | arca_pub.blog.me
페이스북 | fb.me/ARCApulishing

책　 값 | 뒤표지에 있습니다
I S B N | 979-11-89393-49-6 03230

아르카ARCA는 기독출판사이며 방주ARK의 라틴어입니다(창 6:15).
네가 만들 방주는 이러하니 … 새가 그 종류대로, 가축이 그 종류대로,
땅에 기는 모든 것이 그 종류대로 각기 둘씩 네게로 나아오리니 그 생명을 보존하게 하라 _창 6:15,20

통일소녀 오테레사가 결국 만난 우리 아버지

진짜 아버지

박예영 지음

The Real Father
among
Four Fathers

아르카

추천사

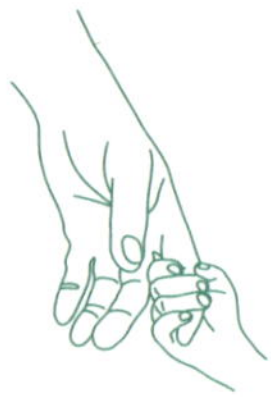

《진짜 아버지》는 모든 민족의 아버지이신 하나님 아버지의 딸로서 자신의 진정한 정체성을 발견한 한 젊은 여성의 놀라운 이야기입니다.

북한에서 고통받는 길 잃은 양처럼 방황하던 그녀는 길을 잃고 상처받은 사람들을 찾고 계신 아버지의 존재를 간접적으로 느끼기 시작했습니다. 북한에서 탈출한 후, 그녀는 하나님이 자신을 남한과 북한, 둘 다에 있는 하나님의 백성을 위한 중보의 삶으로 부르고 계심을 깨달았습니다. 그녀는 정체성의 위기에 직면했지만, 하나님은 그녀에게 그녀가 '새로운 코리안'(A New Korean)이라는 깨달음을 주셨습니다.

그녀의 흔들리지 않는 정체성은 그리스도의 신부이자 주님의 제자입니다. 그녀는 더 이상 자신을 무엇이라고 불러야 할지 묻지 않고, 단지 "나는 무엇을 위해 살고 있는가?"라고 자문합니다. 그녀는 세계 여러 나라를 여행하면서 아버지의 축복을 받으며 계속해서 중보했고, 우리 모두가 하나님 나라의 가족임을 깨달았습니다. 이 훌륭한 책은 하나님이 그녀를 통해 어떻게 열방에 화해와 치유를 가져오시는지 보여줍니다.

그녀의 '진짜 아버지'께서는 코리아를 한 나라로 창조하셨습니다. 남과 북의 하나님의 백성은 여러 나라에 흩어져 있지만, 그들은 여전히 한 나라입니다. 미움이 아닌 사랑, 정죄가 아닌 회개, 원수가 아닌 화해! 우리는 원수가 아닌 형제입니다.

그녀는 우리가 발을 땅에 딛고 있지만, 우리의 뿌리는 하나님 나라에 있다는 고백으로 이 놀라운 책을 마무리합니다. 우리 모두가 우리의 참 아버지를 만날 때라야만 평화를 누릴 수 있을 것입니다. 아멘!

위대한 책입니다. 이 책을 읽는 모든 사람을 축복합니다.

_**오대원***David E. Ross* **목사, 예수전도단**

오테레사의 책 《진짜 아버지》는 한 여성이 서로 다른 땅에서 서로 다른 아버지를 섬긴 경험을 담은 책입니다. 이 책은 그녀의 친아버지가 열정과 헌신으로 가족의 생존을 위해 사투를 벌이는 가운데, 북한의 아버지로 불린 김일성을 추종한 북한에서의 삶이 어떠했는지에 대해 우리에게 많은 통찰을 제공합니다.

고난의 행군으로 알려진 굶주림의 시기를 경험한 어린 여성이었던 그녀는 결국 고국을 떠나 남한으로 오게 됩니다. 그러던 중 하늘 아버지를 만나, 혁명에 대한 열정에서 주 하나님에 대한 열정으로 완전히 변모했습니다. 그녀는 깊은 기도의 사람이며 용기 있는 여성이 되었습니다. 이 과정에서 그녀는 새로운 영적 아버지인 데이비드 로스(오대원 목사)의 사랑과 보살핌을 받기도 했습니다. 이 회고록은 하늘의 아버지에게 신실하기를 원하는 모든 사람에게 도전이 될 수 있는 책입니다. 읽을 가치가 충분합니다.

_**벤 토레이***Ben Torrey* **신부, 예수원**

제가 아는 박예영 대표는 남과 북, 북과 남이 서로 끌어안음으로 원수에서 친구가 되고, 그리고 하나가 됨으로써 하나님 나라의 기적을 보여주는 꿈을 품고서 평생 올곧게 걸어온 분입니다. 또한 하나님의 우주적인 회복의 계획, 즉 하늘에 있는 것이나 땅에 있는 것이 다 예수 그리스도 안에서 하나가 되게 하려 하시는 그분의 뜻을 믿으며, 그 안에 있는 한반도의 통일을 꿈꾸는 분입니다. 그리고 하나님의 형상대로 지음받은 북녘의 백성들도 하루빨리 복음으로 새롭게 되는, 하나님 아버지가 기다리는 통일코리아를 꿈꾸는 분입니다. 남과 북이 모든 영혼들의 아버지 되시는 하나님 아버지를 알게 되기를 간절히 염원하며 써 내려간 이 귀한 이야기에 여러분을 초대합니다.

_**고형원 선교사, 부흥한국 대표**

이 책은 참 아버지를 찾아 떠나는 순례 여행기이며, 고향을 떠난 한 여인의 '참 아버지 찾기' 순례 역정(pilgrim's progress)입니다. 어릴 적부터 귀에 못이 박히게 들은 '어버이 수령님이 만들어주신 낙원', 충성을 다 바쳐 보위해야 할 조국을 등지기란 쉽지 않았을 것입니다. 더구나 나를 낳아주고 길러주신 부모님과 가족, 그리고 친구들과 헤어지기는 더욱 힘들었을 것입니다. 그러나 결국 경제적 빈곤을 견딜 수 없어 나이 스물에 북녘의 조국과 고향과 부모를 떠나기로 했습니다. 이후 중국에서의 나그네 생활, 북송과 재탈출이라는 우여곡절의 시련을 겪으며 남녘 땅에 도착했습니다. 그러나 그곳도 평안한 조국이나 고향은 아니었습니다. 몸은 좀 살기 편해졌을지라도, 낯선 이념과 문화, 가치관으로부터 오는 도전과 혼돈을 극복하기란 탈북만큼이나 어려웠습니다. 물질적 궁핍보다 더 어려운 것은 정신적 공허함이었습니다. 그런 중에 기독교 신앙의 길로 이끌어준 '영적인' 아버지와 어머니, 자매와 형제, 그리고 남편을 만났습니다. 그들과 함께 성경을 읽고 기도하며 예배드리던 중에, 비로소 '참!' 아버지 하나님을 만났습니다. 그리고 참 아버지 안에서 누리는 참 평안과 참 행복이 어떤 것인지 깨달았습니다.

이 책은 고향을 떠나 30년 순례 여행 끝에 터득한 참 진리의 길을 알려주고 싶은 간절한 마음을 담고 있습니다. 순례의 시작은 '떠남'입니다. 떠남은 공간적이고 지리적인 사건이 아닙니다. 떠남은 '버림'입니다. 물질적이고 비본질적이며 거짓 것을 포기하고 버릴

때, 비로소 영적이고 본질적이며 참된 것을 얻을 수 있습니다. 그렇게 어버이 수령과 고향의 부모를 떠나고 버렸을 때, 비로소 '참 아버지' 하나님을 얻을 수 있었습니다. 그렇게 해서 보이는 아버지를 버리고 떠났을 때 느꼈던 불안과 불편함을 뛰어넘는 평안과 행복을 느끼게 됩니다. 그분은 멀리 계신 분이 아니었습니다. 바깥에서 찾을 분은 더욱 아닙니다. 내 삶의 시작점부터 '이미' 내 안에 계셨던 분입니다. 내 삶의 역경, 순간순간마다 나를 떠나지 않고 내 생명을 지키고 인도하셨던 분입니다. 그렇게 해서 우리는 "내가 아버지 안에 거하고 아버지가 내 안에 계시다"(요 14:11)라는 예수님의 고백에 동참하게 됩니다. '참 아드님'이신 예수님만이 우리 희망의 근거입니다. 예수님께 영광! 그래서 '예영'입니다!

_이덕주, 감리교신학대학 명예교수

세상에 아버지 없이 태어나는 사람은 없다. 그러나 진짜 아버지를 가진 사람은 많지 않다. 박예영 님은 육신의 아버지와 이데올로기의 아버지를 넘어, 진짜 아버지인 하늘 아버지를 만나고 하늘 가족의 아버지도 만났다. 작가의 자전적 고백은 통일을 꿈꾸는 사람들에게도, 진짜 아버지를 찾고 있는 사람에게도, 하늘 가족이 없어 외로운 사람들에게도 눈물을 머금게 하는 도전과 감동을 선사한다.

한국의 분단 상황 속에서 살아남은 한 사람의 인생 이야기는, 깨지고 상한 세상 속에서도 여전히 소망의 빛이 나고 있으며, 또한 그

속에서 우리 모두가 아버지를 만나 자신의 몫을 살아낼 수 있음을 잔잔히, 또 격렬히 증언한다. 살아있는 이야기는 우리를 살아가게 하는 힘이 있다!

_김형국 목사, 하나님나라복음(하나복) DNA 네트워크 대표

저는 박예영 님을 오테레사라는 이름으로 먼저 알았습니다. 그녀가 주님을 사랑해서, 한반도에 우상을 숭배하는 사람들이 많아서 태백산 천제단에 올라 하나님께 기도하다가, 한동안 그곳에서 신내림이 없어졌다는 이야기를 고형원 선교사님에게 들었습니다. 이 사람을 만나야겠다는 생각에 20여 년 전 그녀를 만나, 지금까지 함께 비전과 삶을 나누며 지내오고 있습니다. 그녀가 남녘땅으로 온 지 얼마 안 되어 우리가 만난 이후, 제가 줄곧 보아온 오테레사는 하나님께서 우리에게 주신 '미리 온 통일'입니다.

많은 사람들이 뉴코리아를 이야기합니다. 심지어 안 믿는 사람들 사이에서도 뉴코리아는 우리가 갈망하는 멋진 곳이란 생각이 있는 것 같습니다. 하지만 뉴코리아는 과연 무엇일까요? 언젠가 하와이 코나에 있는 열방대학에서 예배할 때, 뉴코리아는 3H를 살아가는 하나님의 사람들이라는 생각을 주님께서 주셨습니다. 3H란 하나님을 닮아 거룩(Holy)한 사람, 예수님을 닮아 겸손(Humble)한 사람, 성령에 감추어져(Hidden) 하나님의 영광만 드러내는 사람이라는 말입니다. 저는 테레사와 그의 남편 디모데가 얼마나 성실하게 3H의 삶을 살려고 노력해 왔는지 옆에서 보아온 증인입니다. 이 부부처럼 뉴코리아를 살아가는 사람은 많지 않은 것 같습니다.

이 책에는 저자가 하나님 아버지와 함께 뉴코리아의 삶을 열심히 살아온 흔적이 고스란히 배어 나옵니다. 북녘땅에서 태어났다는 이유로, 그저 남들이 다 아버지라고 부르는 지도자를 아버지로 알고 자랐다가, 그 땅을 떠나 진정한 아버지를 만나게 되는 이야기는 눈물 없이 읽을 수 없습니다. 한국에만 있을 수 있는 이야기 같습니다.

우리는 이 책을 통해 하나님 아버지의 사랑뿐 아니라 부부의 열정적인 사랑, 미국인 선교사의 사랑, 이웃과 민족에 대한 사랑 이야기 등을 체험할 수 있습니다. 이 시대를 함께 사는 그리스도인이라면, 특별히 뉴코리아를 꿈꾸며 살아가는 하나님의 사람들이라면 필독하시기를 권합니다.

_피터 양, 시애틀 성령의샘 대표

박예영, 말로 다 형용할 수 없는 많은 사연이 그녀를 빛나게 하지 못한다. 그녀에겐 하나님 아버지를 만난 것이 세상의 가장 큰 기쁨이고, 의미이고, 값이다. 그 아버지를 소개하기 위해 육적, 정치적, 영적 아버지를 소개한다. 그녀는 하나님 아버지를 전하기 위해 반드시 남북통일이 되어야 한다고 믿는다. 박예영은 북한을 깊이 사랑하는 한국인이다. 한반도가 하나 되는 그날을 기도하며, 따끈따끈한 아버지의 소식을 한입 가득 머금고, 그 뜨겁고 솔직한 마음을 이 책에 쏟아 놓았다. 읽을수록 아버지가 짙어진다.

_도은미 목사, 레헴가정생활연구소 소장

"살아 있어서 감사합니다." 이 책을 읽고 저자에게 하고 싶은 나의 솔직한 마음의 고백입니다. 저자가 살아온 삶의 여정이 쓰여 있는 책이지만, 저자의 삶과 존재 자체가 남과 북이 단절된 이 땅의 현실에 한 줄기 빛처럼 느껴지는 것은 왜일까? 우리는 정말 북쪽 동포들을 알고 있을까? 우리는 정말 통일을 원하는가? 북향민들은 한반도의 미래에 어떤 역할을 할 수 있을까? 뉴코리아는 정말 가능할까? 진짜 아버지 하나님은 이 책을 통해 우리에게 묻고 있습니다.

_박윤호, 예수전도단 파송선교사

프롤로그

내가 만난 네 아버지

'아버지'를 찾는 것은 어쩌면 '나'를 찾는 일이기도 할 것입니다. 인간의 존재는 아버지와 어머니 없이 성립되지 않으니까요.

그런데, 조선민주주의인민공화국에 태어난 사람들 가운데 '나는 누구인가?'라는 철학적 질문을 하는 사람이 얼마나 될까 싶습니다. 왜냐하면 태어나는 순간부터 북한 주민 모두에게는 자동으로 주어지는 '아버지'가 있고 '어머니 당'이 있기 때문입니다.

저는 북한에서 태어났습니다. 육신의 아버지와 어머니보다 더 부각되고 존재감이 높았던 '그 아버지'는 제가 감히 형용하기 어려운 존재였습니다. 아버지라는 말의 의미는 제게 매우 복잡했습니다. 그래서일까요? 나이 50이 되어 새삼스레 불러보는 '아버지'라는 말에 왜 이렇게 가슴이 먹먹한지 모르겠습니다. 조금은 특별한 삶을 살아온 저의 50년 세월 앞에 서니 마음이 숙연해집니다.

저는 사회주의 체제에서 22년, 자본주의 체제에서 22년을 살았습니다. 그 사이에 중국에서 '특별한 사회주의'를 4년간 경험했습니다. 정말 수화상극(水火相剋)처럼 다른 한반도의 남과 북 체제에서 인생의 절반씩을 살아온 제게 '아버지'라는 말의 의미는 체제와 상관없이 인생의 모든 것을 뛰어넘습니다.

'아버지'라는 이름, 이 세 글자에 담긴 무게가 얼마나 무거운지요? 아버지의 무게는 북에 계시든 남에 계시든 동일한 것 같습니다. 그 이름의 무게만큼이나, 이 땅의 아버지들은 오늘도 각자의 자리에서 그 책임을 말없이, 무겁게 감당하며 살아가고 계십니다. 누가 시키지 않아도 스스로 짊어진 가장의 짐을 묵묵히 이고서 말입니다.

제게는 살면서 아버지라고 부른 분이 네 분이나 있습니다. 물론 지금은 그중에서 두 분만 아버지라고 부릅니다만, 태어나서 네 분의 아버지를 갖게 되는 사람이 얼마나 될까요?

첫 번째 아버지는 제가 태어나서부터, 아니 사실은 그 전부터, 제가 태어난 그 땅에서 사는 모든 사람의 아버지였습니다. 그 아버지의 수식어와 이름은 '경애하는 아버지 김일성 대원수님'이었습니다. 그가 세상을 떠난 후에도, 그리고 제가 그 땅을 떠나기 전까지도, 제게는 어쩌면 처음이자 단 한 분의 아버지였습니다. 제게는 육신의 아버지보다 더 익숙하고, 더 가슴 깊이 '존경과 흠모'라는 단어로 새겨졌던 아버지이기 때문입니다. 하지만 그 아버지가 살아 있었을 때도, 제가 단 한 번도 직접 그 얼굴을 본 적은 없습니다. 다만 북한의 모든 가정과 공공기관마다 벽에 걸려 있던 그의 초상화를 통해 보았을 뿐입니다. 거의 매일 매스컴을 통해, 교육을 통해 만나고 알게 된 아버지입니다. 그 아버지의 초상화와 유적지의 판화 앞에서, 그를 향해 '감사의 인사'를 올렸던 기억은 셀 수도 없습니다.

두 번째 아버지는 저를 사랑으로 업고 안고 무릎에 앉혀 키워주셨던 친아버지입니다. 그러나 그는 제가 성장하면서 가장 미운 존재가 되어갔습니다. 그 아버지가 제게 귀에 못이 박히도록 하시던 말씀이 있습니다. "이 세상 어떤 장애가 있는 못난 부모라 할지라도, 아버지나 어머니는 단 한 분뿐이다!" 왜 그렇게 육신의 부모를 강조하셨는지, 저는 그때도 지금도 잘 모르겠습니다. 아마도 부모가 없다면 저의 존재 자체가 없을 것이라서 그러셨던 것이 아니었을까 싶습니다.

아버지를 미워하며 집을 뛰쳐나간 딸이 한국에 와서, 아버지에 대한 증오가 용서로 바뀌는 시간이 있었습니다. 아버지에게 사랑한다고, 이제는 용서한다고 말씀드리고 싶었습니다. 그러나, 저의 육신의 아버지는 이제 이 세상 사람이 아닙니다. 아버지에게 꼭 하고 싶었던 "사랑해요. 용서해요"라는 딸의 고백을 듣지 못하신 채,

딸의 이런 마음을 알지 못하신 채 저의 곁을 영원히 떠나셨다는 걸 뒤늦게야 알았습니다. 아마 아버지는 돌아가실 때까지도 이 딸이 자기를 미워한 줄로만 아실 것입니다. 제 인생에 가장 가혹한 후회로 남는 대목입니다.

세 번째 아버지는 누구실까요? 한국으로 오기 전 태국에서, 저는 또 한 분의 '새로운 아버지'를 만나게 됩니다. 바로 '하나님 아버지'이십니다. 참 놀라운 것은, '아버지 하나님'이라는 호칭이 제게는 전혀 어색하지 않았다는 점입니다. 아마도 '아버지 대원수님'이라고 불러온 습관의 익숙함 때문이었을까요?

하나님 아버지를 만난 다음, 저는 태어나서 처음으로 발견하게 된 새로운 진실 앞에 마주 서게 됩니다. 이 하나님 아버지는 제가 이전에 알았던 아버지들과는 차원이 전혀 다른 분이시라는 겁니다. 하나님 아버지를 부를 때면 제 영혼 깊은 곳에서부터 떨림이 일어났습니다. 그리고 깨달았습니다. '진짜 단 한 분의 아버지'는 바로 이분뿐이시라는 것을, 저와 저의 육신의 아버지, 그리고 전 인류의 오직 유일한 아버지이시라는 사실을 말입니다.

네 번째 아버지는 제가 세 번째의 아버지를 만난 다음에 생긴 아버지입니다. 제 인생에 오신, 또 한 분의 특별한 아버지입니다. 미국에서 오신 데이비드 로스(David E. Ross) 선교사님, 한국 이름으로는 오대원 목사님이 바로 그 분이십니다.

제가 오대원 목사님을 만나고서 기도하던 중, 성령께서 '오 목사님은 조선의 아버지다'라는 감동을 주셨습니다. 오 목사님은 조선의 아버지이실 뿐 아니라 저의 아버지가 되어주셨습니다. 지금까지 만난 횟수는 생각보다 많지 않고 함께 한 시간도 많지 않지만, 영적으로는 제게 지대한 영향을 끼친 영적 아버지이십니다.

육신의 부모가 자식에게 가장 먼저 해주는 일 가운데 하나는 '이름'을 지어주는 일입니다. 저의 육신의 아버지도 당연히 제게 이름을 지어주셨습니다. 다만 그 본명은 남한에 온 북향민(北鄕民)이 대개 그러하듯, 저도 밝히지 않고 살아왔습니다. 고향에 가족을 하나라도 두고 오는 경우가 대부분이기 때문입니다. 저도 아직 동생 한 명이 고향에 있습니다.

사실 '박예영'이 제 본명은 아닙니다. 대한민국에 오면서 하나님을 만나게 되고, 예수님이 주시는 영원한 생명을 선물로 받게 되면서 태국에서 지은 이름입니다. 그런데 네 번째 아버지는 제게 "새로운 이름을 지어주마" 하시며 먼저 손을 내밀어주셨습니다. 자녀의 이름은 아버지가, 혹은 그 선대인 할아버지가 지어주시는 것입니다. 그러니 새로운 이름을 지어주신다는 건 저를 새로운 딸로 삼아주신다는 뜻이었습니다. 오 목사님이 지어주신 새 이름이 '테레사'였습니다. 그렇게 해서 저는 오 목사님의 성을 따서 '오테레사'라는 이름으로 10년 넘게 중보기도 사역을 하며 살았습니다. 그리고 실제로 오 목사님께서 저의 결혼식에, 저의 아빠로서 제 손을 잡고 식장에 들어가 주셨습니다. 그 손은 단지 의전이 아닌 사랑과 축복의 손이었으며, 또 하나의 삶으로의 연결이었습니다.

이렇게 해서 제 인생에는 정치적 아버지, 육신의 아버지, 영적인 아버지, 그리고 하나님 아버지라는 네 분의 아버지가 각각 존재했거나 지금도 존재하고 계십니다. 비록 짧은 시간이었지만, 제가 결혼해서 아버님이라고 불렀던 시아버님도 계셨으니, 따져보면 다섯 분의 아버지가 있었던 셈이긴 합니다.

어쨌든 여기에서 말씀드리는 네 분의 아버지 중에서 제게 '진짜 아버지'는 누구일까요? 제가 이 책을 통해 전하고 싶은 '진짜 아버지'가 누구인지, 굳이 설명하지 않아도 이미 눈치채셨을 겁니다. 온 인류가 반드시 만나야 할 진짜 아버지, 우리 모두를 창조하신 하나님, 하늘의 아버지 한 분뿐이십니다.

아버지 하나님은 우리가 어디에서 와서 왜 살며, 또 어디로 가는지를 알게 해주시는 궁극의 아버지이십니다. 그래서 '진짜 아버지'이십니다. 우리가 그 아버지를 만나지 못한다면, 우리는 모두 '자기다운 삶'을 전혀 살 수 없다고 저는 고백합니다. 당신도 그 아버지 하나님을 당신의 아버지로, 진정한 아빠로 부를 수 있기를 바랍니다.

아버지가 있는데 아버지를 모르는 것은 스스로 '고아'가 되기로 결정한 것이나 다름없지 않습니까? '아버지'라는 존재만으로도 든든하고 울타리가 있다는 느낌을, 살면서 얼마나 경험해 보셨습니까? 어떤 상황에서도 존재만으로 위로가 되는 아버지, 언제나 힘이 되는 아버지. 저는 그 아버지를 진짜 아버지로 소개하고 싶습니다.

저자의 결혼식에서 아버지가 되어준 오대원 목사님.

진짜 아버지는 우리가 어디서 무엇을 하든, 돌아오기만 하면 맞이할 준비를 하시고서 한결같이 기다려주시는 분이십니다. 크신 사랑으로 언제나 팔을 벌려 기다리고 계시는 그 아버지를 저는 자랑하고 싶습니다. 그렇게 든든하고 사랑이 가득한 아버지의 품을 아직도 알지 못하는 수많은 이들에게, 이 아름다운 아버지가 당신 곁에 있다고 알려드리고 싶습니다. 깊고 넓고 변치 않는 사랑으로 우리를 품고 계신 '진짜 아버지'를 말입니다.

하나님을 만난 이후 지금까지, 저는 이 진짜 아버지를 자랑하고 싶은 마음이 늘 있습니다. 빚진 그 마음으로, 비록 늦은 감이 있지만, 이제 아주 조금이라도 갚는 마음으로 독자 여러분을 만납니다.

평생 아버지를 미워하셨지만, 끝까지 이혼하지 않고 살아주셨고 아빠 곁을 지켜주신 우리 엄마, 한국에 오셔서도 딸에게 손 내밀지 않으시고, 오히려 돈을 모으셔서 보태라고 주시는 엄마와도 이 은혜를 나눕니다. 그리고 때로는 남편으로, 때로는 아빠처럼 묵묵히 오랜 시간을 함께해온 남편 김승근(김디모데)에게 이 감격을 나눕니다. 지금 이 땅의 '자녀세대'에게 아빠가 되어주려고 열심히 살고 있는 사랑하는 남편이 저와 함께 해주어, 이 모든 시간이 가능했음을 고백합니다.

하늘에 계신 나의 '아빠'에게, 그리고 지금도 변함없이 함께하시는 나의 '하늘 아빠'에게 이 책을 바칩니다.

박예영(오테레사)

Content

1부

우리의 아버지는 누구인가?

1장

세상에 부러울 것 없어라

아버지와의 마지막 대화

"예영아, 아버지다! 잘 있니?"

수화기 너머로 어눌한 아버지의 목소리를 마지막으로 들은 날은 2007년 7월 어느 날이었던 것으로 기억됩니다. 북한의 교통 상황은 남한에서 상상할 수 있는 그 무엇 이상으로 좋지 않습니다. 더구나 북한에 있는 사람이 남한의 가족과 통화를 하려면 최소한 조·중 접경 지역에 있어야 합니다. 그래야 중국에서 반입된 휴대폰을 잠시 켜서, 중국의 전파를 잡아 한국으로 전화를 걸 수 있기 때문입니다. 그러니 제가 아버지와 통화할 수 있었다는 것은 아버지께서 김책시에서부터 량강도 혜산시까지 오셨다는 뜻이었습니다.

김책시에서 량강도 혜산시까지는 기차가 정상 운행될 때 기준으로도 대여섯 시간은 걸리는 거리입니다. 또한 국경 지역은 특별여행증명서가 없으면 쉽게 갈 수 없는 곳입니다. 그래서였을까요. 아버지는 백암이라는 곳까지 기차를 타고 오신 뒤, 그 후 혜산시까지 무려 열흘이 넘도록 걸어서 오셨다고 합니다. 백암에서 혜산까지는 당시 기차 속도로 3시간이나 걸리는 거리였습니다. 그 이야기를 들었을 때, 제 마음은 말로 다 할 수 없는 먹먹함으로 가득 찼습니다.

아버지가 저와 통화할 수 있도록 도와준 아주머니는 무슨 거지가 한 명 들어오는 줄 알았답니다. 아버지의 행색이 말이 아니었다고 하더군요. 아버지가 제 목소리가 얼마나 듣고 싶었으면, 아니 저를 얼마나 보고 싶었으면 그 엄청난 거리를 그런 모습으로 걸으셨던 걸까요? 더군다나 그때는 건강한 몸도 아니었습니다. 평생 술에 절어 살다시피 해서, 뇌졸중 후유증으로 몸의 반쪽을 잘 쓰지도 못했는데 말입니다.

"나는 이제 얼마 살 것 같지 못하다. 너는 잘 지내고 있니? 예영아, 정말 너무 보고 싶다. 그런데 나는 너를 못 보고 죽을 것 같다."

그 통화가 정말 아버지와의 마지막 대화가 될 줄을 상상도 못한 저는 아버지께 야단을 쳤습니다. 왜 그런 얘기를 하시느냐고, 그런 얘기 하실 거면 전화 끊으라고 말입니다. 결국 '꼭 해야 할 말'을 못하고 말았습니다. "사랑해요, 아빠. 미워해서 죄송해요."

2001년에 아빠 얼굴도 안 보고 집을 나온 불효녀가 6년 만에 남한으로 걸려 온 아빠의 전화를 받았으면, "아빠, 그동안 너무 미워해서 죄송합니다. 보고 싶습니다. 제가 미워했던 거 용서해 주세요. 아빠 사랑합니다"라는 말을 왜 못했을까요? 지금도 가슴이 갈가리 찢기는 것 같습니다. 결국 아버지와의 마지막 대화는 그대로 유언이 되고 말았습니다.

고향을 떠나온 이후, 브로커를 통해 한국에서 간간이 북한 가족의 연락을 받고 편지도 받았습니다. 편지를 받았을 때는 몰랐는데, 다시 보니 편지마다 '귀여운 내 딸'이라는 표현이 참 많습니다. 얼마나 저를 예뻐하고 사랑하셨는지, 딸을 그리워하는 아빠의 마음이 편지 곳곳에 묻어 있었습니다.

아버지가 돌아가셨다는 소식은 2009년 4월경에 전해 들었던 것 같습니다. 처음엔 믿기지 않았습니다. 아프셨던 것은 들어 알고 있었지만, 60세도 안 되셨는데 벌써 돌아가신단 말인가? 할아버지는 80세 넘도록 장수하셨기에 아버지도 장수하실 줄 알았는데, 청천벽력 같은 아버지의 부고는 정말 받아들이기 힘들었습니다. 아무것도 못 하고 두 달 정도 패닉 상태에 있었던 것 같습니다.

사실 제가 하나님을 인격적으로 만나고 난 후, 제 개인과 저의 인생을 위한 기도제목은 모두 배설물에 불과하다고 생각했습니다. 나를 위한 기도제목은 오직 한 가지, 잠시라도 좋으니, 아버지를 꼭

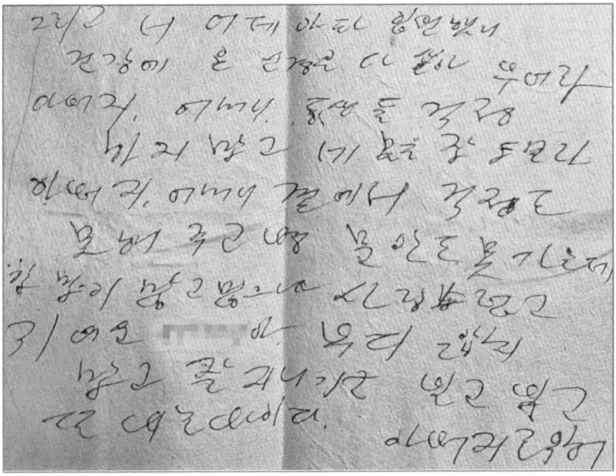

아버지의 편지

한 번은 만나게 해달라는 거였습니다. 아버지를 만나면 꼭 이렇게 말씀드리고 싶었거든요. "아버지, 사랑합니다. 한때 아버지를 미워했던 저를 용서해 주세요. 그리고 우리 가족을 힘들게 했던 아버지를 용서합니다." 그래서 하나님께 그 기회를 달라고 간절히 기도드렸습니다. 그러나 단 하나였던 그 기도제목조차 들어주지 않으신 하나님을 저는 도무지 이해할 수 없었습니다. 마음속 깊은 곳에서부터 끓어오르는 괴로움과 감당할 수 없는 슬픔이 덮쳐 정신을 차릴 수 없었습니다.

전해서 들은 아버지의 구체적인 임종 이야기는 더더욱 제 마음을 후벼팠습니다. 2008년 12월 말 즈음, 가정이 어려워져 어머니가 혜산으로 오셔서 제게 연락을 하셨습니다. 어머니께 돈을 보내드렸는데, 그 돈을 모두 북한의 경비원들에게 뺏기는 사고가 있었습니다. 결국 다시 돈을 보내야 하다 보니 시간이 걸렸고, 어머니는 예정보다 늦게 집으로 돌아가셨습니다. 그 사이에 이미 아버지의 장례를 마쳤다는 것입니다. 어머니도 결국 아버지의 마지막 모습을 보지 못하고, 산소에 계시는 아버지를 마주하게 되었습니다. 어머니가 저랑 통화하실 때는 집에 옥수수만 조금 남은 걸 보고 왔는데, 아버지 건강 상태도 많이 안 좋고 땔감도 없어서 빨리 돌아가야 한다고 하셨거든요. 결국 아버지는 차디찬 냉골 바닥에서 그 추운 겨울에 굶어 돌아가신 거나 다름없다며, 이제는 제 곁에 와 계신 어머니가 지금도 울곤 하십니다.

중간에 돈을 갈취한 북한의 브로커와 경비원들만 아니었다면, 그래서 제시간에 어머니가 아버지에게 가셨다면, 아버지가 살아계셨을 수도 있다는 생각에 머리가 터질 것 같았습니다. 2007년 7월에 그렇게 힘들게 전화하러 혜산에 오신 아버지를 그냥 돌아가라고 재촉하지 말고, 한 번이라도 더 통화할 걸 그랬다는 후회도 밀려왔습니다.

그때 저는 가족 모두를 탈북시키려는 계획을 하고 있었습니다. 실제로 사람을 고향으로 보내기도 했습니다. 그런데 하필 제 가족을 차에 태우고 와야 할 운전기사 아저씨가 독한 술을 마셨고, 위의 천공 상태에서 저의 고향에 가셨다가 사망하고 말았습니다. 그런 안타까운 소식을 접하고 나니 가족을 구출할 생각은 잠시 접을 수 밖에 없었습니다. 그리고 1년이 지난 2008년 12월 끝자락에, 아버지는 60세도 채우지 못하고 이 세상을 떠나시고 말았습니다.

술주정으로 가족을 괴롭혔던 아버지에 대한 미움도 컸지만, 어렸을 때 저를 업고 안아서 키우신 아버지와의 정이 있어서, 제게는 여러 감정으로 추억되는 아버지입니다.

함경북도 김책시에서 왔습니다

어린 시절, 저는 함경북도 김책시 쌍화동이라는 곳에서 살았습니다. 부모님을 통해 들은 제 고향은 자강도 동신군 경흥리라는 산골 마을이었습니다. 그런데 바닷가도 있고 큰 '기업소'도 있어서 여러모로 산골보다 살기 좋다며, 김책시에 먼저 정착해서 살고 계시던 큰아버지의 권유로, 우리 가족은 제가 돌이 되기도 전에 김책시로 이사하게 되었다고 합니다. 1976년 2월 16일, 작은 산골에서 태어난 저는 아기 때 부모님과 함께 김책시로 가게 되었습니다.

제가 한국에 와서 "김책시에서 왔습니다"라고 하면, 북한에 대해 좀 아신다고 하는 분들은 이런 반응을 하십니다. "아, 김책공대 있는 곳이죠?" 그럴 때면 저는 웃으며 대답합니다. "아니요, 틀렸습니다!" 그러면 눈이 휘둥그레지십니다. 실향민 어르신들을 만나면 '성진시'라고 말씀드려야 알아들으시는데, '김책시'라고 하면 잘 모르시더라고요.

'김책'은 김일성 주석보다 열 살 많은, 그의 절친한 동지였습니다. 1930년 만주에서 항일 무장투쟁을 하던 중 김일성과 인연을 맺게 되었고, 1948년 9월 2일 최고인민회의에서 내각 산업상과 민족보위성 부상으로 선출되는 등, 북한 정권 초기의 핵심 인물로 활동했습니다. 김책은 북에서 모르면 간첩이라고 할 정도로 유명한 '김일성 장군의 노래'를 작곡한 인물이기도 합니다. 그의 본명은 김홍계(金洪啓)였고, 고향은 현재의 함경북도 김책시 학성군입니다. '김책'이라는 이름은 본래 '뛰어난 책사(策士)'라는 뜻의 별명으로 붙여진 건데, 훗날 실제 이름으로 사용하게 되었습니다. 그는 1951년 1월 31일, 전쟁 중에 평양 최전선에서 과로로 전사한 것으로 알려져 있습니다. 이후 1951년 2월 19일, 성진시가 그의 이름을 따 '김책시'로, '학성군'이 '김책군'으로 바뀌었고, 1961년 12월 두 지역이 통합되어 지금의 김책시가 되었습니다.

김일성과 김책의 친분은 김일성 사망 이후에 더 뚜렷이 드러납니다. 보물이라도 있을 것이라고 모두 생각했던 김일성의 집무실 금고 안에는 오직 김책과 함께 찍은, 오래되어 누렇게 바랜 사진 한 장만이 있었다고 합니다. 이 정도였으니, 북한 최고의 대학 순위가 '김일성종합대학' 다음으로 '김책공업종합대학'인 것은 이해가 될 만한 지점입니다.

20여만 명이 살고 있는 김책시는 함경북도에서 청진시 다음으로 큰 도시입니다. 저는 이곳에서 유년 시절과 청소년기, 그리고 탈북 전까지의 시간을 보냈습니다. 1983년, 제가 여덟 살 때까지 살았던 김책시 쌍화동은 단층집들이 옹기종기 모여 있던 조용한 마을이었습니다. 그리고 이사하여 처음 탈북했던 1997년 2월까지 살았던 김책시 역전동은 아파트가 많고 바닷가가 가까운 동네였습니다. 부근의 해안동에는 유원지가 있었는데, 그곳에 구름다리가 놓여 있는 작은 섬 같은 곳이 있었습니다. 저는 자주 그곳에 있는 의자에 앉아 바람을 쐬며 책을 읽고 공부하곤 했습니다. 바닷바람을 맞으며 공부하던 추억은 지금도 마음속에 선명하게 남아 있습니다.

저는 아버지와 어머니, 두 명의 남동생과 함께 살았는데, 열네 살 즈음에야 저에게 여동생도 있었다는 사실을 알게 되었습니다. 여동생이 태어날 무렵, 어머니는 결핵이라는 무서운 병과 힘겹게 싸우고 계셨습니다. 병원에서 어머니의 생명을 위해 아이를 포기해야 한다는 말까지 나올 정도였다고 합니다. 그러나 어머니는 끝까지 포기하지 않으셨고, 그렇게 해서 여동생은 세상에 태어나게 되었습니다. 하지만 출산 이후 어머니의 건강이 여동생을 키우기엔 너무나 위태로운 상태였습니다. 어머니는 아기를 잠시 보육원에 맡겨달라고 아버지와 큰아버지에게 부탁을 드렸는데, 어머니와 상의도 없이 다른 가정에 입양을 보냈습니다. 그 사실을 저는 열네 살이 되어서야 알게 된 것입니다. 처음엔 충격이 컸지만, 이야기를 듣고 나니 이해가 되었습니다. 어머니는 원래 가족들 사이에서 '종합병원'이라 불릴 만큼 자주 아프셨던 분이셨기에, 당시로서는 어쩔 수 없는 선택이었겠구나 싶습니다.

김책시에는 북한에서 유일하게 특수강을 생산하는 '성진제강연합기업소'가 있습니다. 제가 살던 당시 노동자가 1만 명이 넘는다고 했을 만큼 북한 내에서는 손꼽히는 제강소였습니다. '배골'이라는 곳에 가면 끝없이 펼쳐진 배밭이 있었는데, 배 향기가 얼마나 향기로운지 그냥 지나칠 수 없을 정도였고, 배 맛도 당연히 최고였습니다. 지금도 그 배 맛을 잊을 수 없습니다. 그 외에도, 김책시는 동해안 바닷가를 끼고 있어서, 근처에 수출수산사업소를 포함한 원양어업 기관들도 많아, 1980년대에는 제법 살기 괜찮은 곳이었습니다.

세상에 부럼 없어라

철들기 전부터 자연스럽게 익숙해진 노래가 있습니다. 아마도 자주 듣고 불렀기 때문이겠지요. 신기하게도 기억이 또렷해서, 지금도 그 가사를 단숨에 쓸 수 있습니다. 그 노래의 제목은 '세상에 부럼 없어라'입니다. '부럼'은 정월대보름 때 먹는 견과류를 말하지만, 북에서는 부러움을 줄여 쓴 것입니다. 그 시절의 저는 노래의 제목처럼, 제가 사는 세상만큼 행복한 세상이 있을까 싶을 정도로 정말 '부럼 없는 세상'에서 산다고 생각했습니다. 단 한 점의 의심도 없었습니다. 이 노래를 부르며 밝게 웃던 친구들의 얼굴과 맑고 낭랑한 목소리를 떠올리면, 그때의 따뜻하고 평화롭던 감정이 되살아나곤 합니다. 이 노래의 가사는 제가 유년 시절부터 교육받은 사회주의 체제와 정확히 일치했기 때문에 더욱 자연스럽게 마음에 스며들었습니다. 1961년에 만들어진 이 노래는 지금까지도 북한을 대표하는 노래로 불리고 있으며, 그 체제를 가장 잘 드러내는 상징 가운데 하나라고 할 수 있습니다.

세상에 부럼 없어라

하늘은 푸르고 내 마음 즐겁다
손풍금 소리 울려라
사람들 화목하게 사는
내 조국 한없이 좋네
우리의 아버진 김일성 원수님
우리의 집은 당의 품
우리는 모두 다 친형제
세상에 부럼 없어라

가사 속의 '우리', '아버지', '집', '형제'라는 표현들은 모두 '사회주의 대가정'이라는 개념에 기반한 것입니다. 그것은 이런 노래를 통해, 교육을 통해 일상 속의 공기를 호흡하듯 너무도 자연스럽게 스며들어 있었습니다. 그렇게 해서 어느새 '육신의 아버지'가 아닌, 또 다른 하나의 거대한 '국가적 아버지'를 믿고 따르게 된 것입니다.

그 후 시간이 흘러 한국에 와서, 북한 주민들의 마음을 이해하기 위해 북에서 살 때의 제 마음과 생각을 돌아본 적이 있습니다. 그러자 한 가지 놀라운 사실을 발견하게 되었습니다. 북에서 살던 그 세월 동안, 저는 한 번도 스스로를 불행하다고 생각한 적이 없었다는 것입니다. 물론 가정불화라는 개인적인 아픔은 있었지만, 그 외의 삶은 '행복했다'라는 감정으로 남아 있었습니다. 심지어 수많은 이들이 굶주리고 저 자신도 생존을 걱정해야 했던 '고난의 행군' 시기(1996-1999년 식량난)에서조차 그 상황을 불행이라고 여기지 않았습니다. 왜냐하면, 평소에 들었던 이야기가 진리처럼 가슴 한켠에 자리 잡았기 때문입니다.

"우리가 경제적으로 어려운 이유는 언젠가 미국과 전쟁을 해야 하기 때문이다. 그래서 군사력에 투자해야 하고, 국민 모두가 허리띠를 졸라매는 건 당연한 일이다."

다른 이들은 모르겠지만, 최소한 저의 생각엔 위의 생각이 신념처럼 자리하고 있었고, 그 삶을 의심 없이 살았습니다.

저는 북한에서 느꼈던 이 감정을 한 단체에서 강의하던 중에 나눈 적이 있습니다. 물론 "북한에서 행복했다"라는 저의 감정은 어디까지나 외부 세계에 대한 정보가 차단된 상황 속에서 생겨난 상대적이고 제한된 감정이었다는 설명도 덧붙였습니다. 그런데 강의가 끝난 뒤, "그렇게 행복했으면 왜 탈북했느냐"라는 질문을 받았습니다. 그날 이후, 저는 더 이상 그 단체에 강사로 초대받지 못했습니다. 여러 차례 강사로 섰던 곳이었기에, 그 일은 제게 꽤 오랫동안 여운을 남겼습니다.

제가 그 단체에서 북한에서 느꼈던 감정을 나누었던 이유는 그것이 매우 중요한 포인트였기 때문입니다. 북한 주민들에게 복음을 전하고자 하는 우리가 그들의 삶과 생각, 무엇보다 감정의 결을 이해하지 못한다면, 진정한 공감도, 참된 복음도 전할 수 없기 때문입니다.

한국에 와서 안타깝게 느끼는 것 중 하나는, 북한을 바라보는 많은 이들의 시선이 전적으로 '남한의 기준과 관점'으로만 형성되어 있다는 점입니다. 북한 주민들이 어떤 환경과 배경 속에서 살아왔는지, 또 그 안에서 세계관이 어떻게 형성되었는지를 전혀 고려하지 않는 경우가 많습니다. 그러한 태도는 단순한 오해나 무지라기보다 자기중심적인 시선과 남한 우월주의에 근거한 것이고, '타자의 주체성'을 전혀 인정하지 않는 것으로 보였습니다. 결국 상대를 온전한 인격체로 대하기보다, 자신의 틀 안에 끼워 맞추려는 타자화된 시선 말입니다.

'충성분자'로 길러진 배경

제가 한국에 와서 가장 많이 들은 질문 중의 하나가 바로 이것입니다.

"왜 북한 사람들은 데모를 안 하나요?"

민주주의 사회에 익숙한 분들의 입장에서는 너무도 자연스러운 질문이겠지만, 이 질문 속에는 북한 체제와 그 사회의 구조를 이해하려 하지 않는 태도가 함께 들어 있음을 알 수 있습니다. 제가 북한에서 어려서부터 듣고 공부해온 정보는 정말 제한적이었고, 한편으로는 강했습니다. 저는 탈북 전까지, 왜 그렇게도 김일성 대원수님과 조국을 위해 충성하고 싶어했는지 스스로를 돌아보았습니다. 저야말로 열렬한 '충성분자'였거든요. 그 이유를 어렵지 않게 발견할 수 있었습니다.

앞서 말한 '세상에 부럼 없어라' 같은 노래가 상징하듯, 북한 주민들은 집단주의 사회 안에서 김씨 가문의 위대함을 어릴 적부터 반복적으로 배웠습니다. 그들의 유년기와 성장기, 그리고 평생의 업적이 신화처럼 구체적으로 서술된 이야기들이 교과서와 영상 등을 통해 끊임없이 주어졌습니다. 그 핵심에는 이런 문장이 있었습니다.

"김일성 장군님은 한 세기에 두 제국주의를 타승한 백전백승의 불굴의 령장이다!"

이 한 문장 안에는 일제 치하의 조선을 해방시키고, 6·25 전쟁에서 미제를 물리친 것이 모두 '김일성 장군님'의 탁월한 전략과

전술 때문이었다는 것입니다. 한마디로 한 세기에 제국주의 '왜놈들'과 '미국놈들'을 모두 굴복시킨 엄청난 분이라고 배운 것입니다. 이 부분은 그 어떤 것과 비교할 수 없는 매우 강력한 교육이었습니다. 이런 식의 교육은 단순한 지식의 전달을 넘어 가치관 자체를 형성하는 강력한 프레임이 되었습니다.

텔레비전에서는 매일같이 김일성과 김정일의 '헌신적 행보'가 보도되었습니다. 새벽이슬을 맞으며 농촌 현장을 돌아보는 모습, 밤이 깊도록 꺼지지 않는 중앙당 청사의 불빛 같은 모습의 영상과 음악들은 충성심의 씨앗에 물을 주기에 충분했습니다. 북한의 영화 대부분도 수령에게 충성하는 주인공의 이야기로 구성되었고, 대부분의 노래들도 '충성가요'뿐이었습니다. 이렇게 일상의 모든 틈을 메우는 충성 교육은 자연스럽게 북한 주민 모두를 '충성분자'로 만들어갔습니다. 이런 교육의 결과로 굳혀진 충성심은 언제 어떻게 제 마음에 깃들었는지 기억조차 할 수 없을 만큼 자연스럽게 자리를 잡았습니다.

'우리의 아버지 김일성 대원수님이 아니었다면, 지금쯤 우리는 일본 제국주의의 구둣발 아래 있거나 미국의 식민지에서 인간 이하의 삶을 살고 있었을 것이다. 또한 우리의 피땀을 빨아먹던 자본가와 지주들을 몰아내고, 우리와 같은 노동자, 농민, 인테리들이 주인이 되는 세상을 만들어주셨으니, 그 분을 위해 목숨을 바치는 것이 내 인생의 가장 가치 있는 일이다'라는 생각이 저의 신념이 되었습니다. 다른 북한 주민들도 같은 교육을 받았기에, 다른 생각을 한다는 것 자체가 쉽지 않을 것입니다. 왜냐하면 외부 세계에 대한 정보가 거의 차단된 상황에서, 듣고 보는 모든 것들이 북한 체제를 강화하는 도구였기 때문입니다.

가끔 북한의 뉴스 속에 비치는 남조선의 모습은 '썩고 병든 자본주의 사회'로, 도무지 사람이 살 수 없는 땅처럼 묘사되었습니다. 화면에는 주로 노숙자들이, 잇따른 사고 현장이, 최루탄을 쏘아대는 경찰과 격렬히 맞서는 대학생들의 시위가, 그리고 길거리를 배회하며 깡통을 차고 다니는 사람들의 모습이 반복되었지요. 그런 장면들은 '우리가 살아가는 세상'이 오히려 얼마나 안정되고 우월한 사회인지에 대한 확신을 심어주기에 충분했습니다.

특히 가장 영향력이 컸다고 생각되는 일은 매년 4월 김일성 생일에 맞춰 열리는 '4월의 봄 친선 예술축전'이었습니다. 해외에서 온 다양한 인종의 수많은 사람들이 조선어로 노래를 부르며 김일성을 찬양하는 모습이 가감 없이 TV로 생중계되었습니다. 우리는 그 장면을 보며 자연스럽게 이런 생각을 하게 되었습니다.

'역시 우리 수령님은 세계적으로 존경받는 분이구나!'

예전에는 미처 보이지 않던 부분인데요, 지금 사업을 하며 사람의 심리와 설득의 구조를 조금씩 배우다 보니, 북한이라는 체제는 정교하게 설계된 하나의 '브랜드 시스템' 같다는 생각이 듭니다. 김씨 가문이라는 고정된 브랜드가 있고, 그 브랜드를 각인시키기 위해 수십 년에 걸쳐 기가 막히게 정교한 마케팅 전략을 전방위적으로 펼쳐왔던 것이지요. 텔레비전에서는 출연자들이 김일성을 찬양하며 무대에 오르게 하고, 외부 정보는 철저히 차단한 채 내부에서 제공되는 메시지와 체험만으로 충성심을 이끌어내는 방식이었습니다.

메시지를 반복적으로 주입하고, 예술축전 같은 행사에서 보여준 해외 인사들의 퍼포먼스는 '감동적 후기'로 남을 만큼 충분히 인상 깊었습니다. 그런 장면들은 마치 제가 고객에게 제품을 소개할 때, 누군가 나서서 "이거 정말 좋아요!"라고 강력하게 후기를 전해주는 모습과 겹쳤습니다. 물론 결정적인 차이점이 있다면, 북한 주민들은 '의심 많은 소비자'가 아니라 '이미 믿고 따르는 충성 고객'이 대부분이었다는 점입니다. 이처럼 북한 당국이 의도적으로 만들어낸 교육 체계와 미디어 시스템 속에서는 누구라도 충성심을 가지게 될 수밖에 없습니다. 세상이 어떻게 돌아가는지에 대한 진짜 정보가 차단된 상태에서는 충성 외에 다른 선택지를 가질 수 없었던 것입니다. 데모라는 건 상상조차 할 수 없는 일이었습니다.

2장

아버지의 꿈이 내 꿈이 되다

순진한 충성분자의 도발

북한에서 살았던 저의 삶 전체를 이 책에 다 담을 수는 없습니다. 하지만 '충성심'을 키워가던 한 소녀의 생각과 행동이 어떻게 표출되었고, 또 어떻게 깨어졌는지를 보여주는 한 가지 일화는 나눌 수 있을 것 같습니다.

제 입으로 말하긴 그렇지만, 저는 초등학교 시절부터 제법 공부를 잘하는 편이었습니다. 제가 대학에 진학하게 될 거라는 건 누구도 의심할 수 없는 당연한 일이었습니다. 그런데 제 인생의 방향을 바꿀 일이 일어났습니다. 그건 제가 자처한 일이었습니다.

제가 다니던 고등중학교는 6년제였고, 한 번 배정된 담임선생님은 졸업할 때까지 학생들과 함께하는 구조였습니다. 저는 북에서부터 조금 유별난 학생이었습니다. 중학교 3학년 무렵에 여중과 남중이 통합되면서, 여학생들이 남학생 앞에서 실수하지 않도록 도와주고, 말썽을 피우는 친구들을 감싸는 '여자회의'를 만들어 주도했습니다. 말하자면 '오지라퍼'였던 셈이지요. 어느 날, 담임선생님이 제 부모님께 이렇게 말씀하셨다고 합니다.

"따님이 보통이 아닌 것 같습니다. 생각이 어른을 능가하니 잘 통제하셔야 할 것 같습니다."

담임선생님이 그런 말씀을 하실 만한 사건들이 몇 건 있었던 건 사실입니다. 그 이야기를 들은 부모님은 "도대체 학교에서 뭘 하고 다니기에 선생님이 이런 말씀을 하시냐?"며 조심하라고 당부하셨습니다. 하지만 저는 듣는 둥 마는 둥 했습니다. 왜냐하면 저는 잘못된 것을 바로잡고, 소외된 친구를 챙기며, 옳은 일을 한다고 믿었기 때문입니다.

학교에서 졸업을 앞두고 있던 어느 날, 충성심으로 불타오르던 저는 더 이상 참을 수 없어 함경북도 도당에 익명으로 신소편지(고발편지)를 보내게 됩니다. 그 편지에는 담임선생님에 대한 비리 내용이 담겨 있었습니다. 한국식으로 말하면 내부고발인 셈이었습니다. 한두 번이면 모르겠는데, 여러 번 반복된 것이 보였기 때문입니다. 신소편지의 내용은 대략 이랬습니다.

"위대한 수령님의 교시대로라면, 교육자들은 학생의 모범이 되어야 합니다. 그러나 저의 담임선생님을 포함한 일부 교원들이 간부(당이나 조직과 업체 등의 간부)인 부모로부터 뇌물을 받고 그 자녀들의 성적을 조작하는 일이 반복되고 있습니다. 이런 사실을 수령님께서 아신다면 얼마나 마음 아파하시겠습니까? 이는 국가 발전을 저해하는 일이기에 반드시 바로잡아야 합니다. 이 문제를 시정하지 않는다면, 저는 중앙당에 직접 찾아갈 것입니다."

이 편지를 보낸 건 백 퍼센트 진심 어린 저의 충성심에서 비롯된 행동이었습니다. 제가 진심으로 걱정한 것은 조국의 미래였고, 불공정한 구조 속에서 사회의 기강이 무너지는 것이 두려웠습니다. 당시 제 생각은 이랬습니다.

'간부의 자녀라 해서 성적을 조작하여, 공부 못하는 학생이 의대에 가면 의료사고로 사람을 죽일 수 있으며, 교사가 되면 학생들을 잘못 가르칠 수도 있다. 이런 일이 반복되면 결국 나라가 무너질 것이다.'

그러나 그런 저의 생각이 얼마나 철없고 순진한 것이었는지는 곧 드러났습니다. 저는 인싸에서 한순간에 왕따가 되었고, 곤경에 처하게 되었습니다. 저희 학교의 교장이 함경북도 도당 선전부장 출신이었다는 사실도, 그 교장이 신소과 과장과 막역한 사이였다는 사실도 저는 전혀 몰랐습니다. 게다가 제가 보낸 신소편지는 함경북도 도당 신소과가 생긴 이래 학생이 보낸 첫 편지였습니다. 이를 받고서 놀란 신소과 과장이 직접 기차를 타고 저희 학교로 내려오기까지 했습니다.

어느 날, 학교에 갔더니 학생들의 시선이 이상했습니다. 담임선생님은 화가 난 얼굴로 교장실로 가라고 소리치셨습니다. 교장실 문을 열자마자, 책상 위에 흩어진 편지를 손에 든 교장선생님이 저를 향해 호통을 치셨습니다.

"이 편지, 네가 썼지?"

처음에는 겁이 나서 아니라고 했습니다. 그러자 교장선생님은 바로 소리를 질렀습니다.

"이런 편지를 쓸 사람은 너밖에 없다고 하더라."

그 말을 듣는 순간 '내가 뭘 잘못했지?'라는 생각이 스쳤습니다. 곧 마음을 다잡고서 당당하게 말했습니다.

"제가 썼습니다."

그러자 교장선생님은 고래고래 소리를 질렀습니다.

"어데서 말이야, 못된 송아지 엉덩이에서 뿔난다고, 어디다 편지질이야? 편지질이!"

저는 교장실 문을 쾅 닫고 나와버렸습니다. 그것이 저의 고등중학교 생활의 엔딩 장면이었습니다.

한국에 와서 평양 출신의 할머니에게 이 이야기를 들려드렸더니, 웃으시며 이렇게 말씀하셨습니다.

"야야, 너 거기서부터 하나님이 보호하신 줄 알라야! 평양 같았으면 너 잡혀서 보위부 감방에 들어가 혼쭐나고, 감히 그런 편지를 썼다고 쥐도 새도 모르게 죽였을지도 몰라야. 아무 일도 없었던 것, 그거이 진짜 하나님이 보호하신 거다야!"

그 할머니의 이야기를 듣기 전까지, 저는 신소편지를 쓴 저 자신을 철없는 사람이라고 생각해본 적이 없을 만큼 순수했습니다. 한마디로 북한 당국이 잘 길러낸, '순진한 충성분자의 표본'이었던 셈입니다. 이미 북한 사회는 전방위적으로 계급화되어 있었고, 뇌물이 통하는 구조는 어찌 보면 너무도 당연한 현실이었습니다. 당시 저는 그것을 수령님이 모르고 계신다는 전제하에 '안타깝다'고 여겼고, 바로잡아야 한다고 믿었습니다.

제가 신소편지 사건에 대해 이야기할 때, 대부분의 북한 출신 분들은 코웃음을 치거나 한심하다는 눈빛으로 저를 쳐다보곤 했습니다. 하지만 저는 지금도 그 일을 후회하지 않습니다. 오히려 그 일을 통해 부딪히고, 배우고, 생각하고, 나만의 정의 실현을 해보았기 때문입니다.

충성심을 키워온 성장 배경

태어나면서부터 '우리의 아버지는 김일성 원수님'이라며 자랑스럽게 노래를 부르고 또 부른 김일성 주석은 저의, 그리고 북한 모든 주민들의 우상이었습니다. 지금 생각하니 왜 그렇게도 긴 수식어를 붙였는지 의문이지만, 당시에는 의문조차 가질 수 없었습니다. 태어나면 누구에게나 아버지와 어머니가 한 명씩 있듯, 우리에게는 너무도 당연하게 '김씨 가문'과 그 가문을 위한 극단적인 충성심 교육이 주어졌기 때문입니다.

어릴 적, 우리는 김일성을 '경애하는 아버지 김일성 원수님', 그의 아들 김정일을 '친애하는 지도자 김정일 선생님'이라고 불렀습니다. 그런데 어느 순간부터 '경애하는 아버지 김일성 대원수님', '친애하는 지도자 김정일 원수님'으로 호칭이 조금씩 바뀌었습니다. 신기한 건, '세상에 부럼 없어라'라는 노래의 가사에는 아직도 '김일성 원수님'이라는 표현이 남아 있다는 점입니다.

유치원 시절부터 김씨 가문, 김일성과 김정일, 그리고 김일성의 아버지 김형직과 어머니 강반석, 심지어 삼촌 김형권과 첫째 부인 김정숙까지 배우며 자랐습니다. 제 기억에 인물로만 치면 김일성의 할아버지 김응우까지 포함해 최소 여덟에서 열 명은 배웠던 것 같습니다. 한국에서 아이들이 위인전을 읽으며 배우듯, 북한에서는 김씨 가문에 대한 집중 교육이 최고의 '위인전 학습'이었던 셈입니다. 그렇게 충성심을 키워온 저의 성장 배경은 자연스럽게 한 가지 꿈으로 이어졌습니다. 바로, 위대한 수령님께서 원하시는 일을 이루는 것이었습니다. 그것은 공산주의의 이상, 즉 '쌀밥에 고깃국을 먹고, 비단옷을 입고 기와집에서 사는 세상'을 만드는 것이었습니다.

어린 저는 '새벽이슬을 맞으며 현지 지도를 다니시는 수령님'의 모습을 보며, 하루빨리 커서 그 분의 뜻을 이루는 데 힘을 보태고 싶다는 생각을 하곤 했습니다. '내가 조금이라도 보탬이 된다면, 밤낮없이 일하시는 수령님의 수고를 덜어드릴 수 있지 않을까?'라는 순전하고도 맑은, 어린 마음의 충성심이 자라나고 있었던 것입니다. 이런 충성심을 기본적으로 장착한 저는, 학교에서 담임선생님을 고발한 사건 이후에도 김책시를 떠들썩하게 하는 여러 사건들을 만들어냈습니다.

'2000년대의 정춘실'이 나타났다

교장실을 뛰쳐나온 저는 결국 중앙당을 찾아가겠다며 기차를 타고 떠났지만, 기차에서 아버지에게 덜미가 잡혀 집으로 돌아오게 되었습니다. 그러나 당과 수령을 위해 충성하고자 하는 마음을 증명해보고 싶었던 저는, 김일성 주석이 직접 '내 딸'이라고 치하했던 '2중 로력영웅' 정춘실을 만나러 자강도 전천군으로 떠나게 됩니다.

전천군 공업품상점에서 판매원으로 일하던 정춘실은 1964년 4월, 상점을 현지 지도하러 온 김일성 주석과 처음 만나게 되었습니다. 당시 그녀는 세대별 물품공급 장부인 '우리 가정 수첩'을 직접 만들어가며 주민들에게 물자를 잘 공급한 덕분에 지역 내에서 평판이 좋았고, 이 공로로 김일성에게 큰 치하를 받았습니다. 결국 그녀는 로럭영웅 칭호와 김일성훈장을 받았고 전국적으로 유명해졌습니다.

제가 전천군으로 찾아가던 당시에도 '정춘실 영웅을 따라 배우자!'라는 구호가 전국에 퍼질 정도로 그녀는 잘 알려져 있었습니다. 그녀는 '효녀'라는 2부작 영화의 주인공으로 조명될 만큼 대단한 인물이었습니다. 북한에서는 그녀를 모르는 사람이 없을 정도였기에, 저 같은 학생이 무작정 만나러 간다는 건 사실 말이 안 되는 일이었습니다. 전천군 상업관리소 초급당비서도 영화 방영 이후 학생이 혼자 찾아온 건 처음이라며 놀라워했지요. 저는 결국 정춘실 소장을 만났고, 그 상업관리소에서 일할 수 있다는 추천 편지를 받아 고향으로 돌아왔습니다. 돌아오는 길에 그렇게 가고 싶었던 평양에 들러 일주일간 구경까지 하고 말입니다.

고향으로 돌아와 편지를 들고서 행정위원회를 찾아갔지만, 허가를 내주지 않아 또다시 난관에 부딪혔습니다. 결국 김책시 시당 조직비서에게 직접 편지를 써서 만나게 되었고, 극찬을 받은 끝에 김책시 상업관리소 목장으로 배치될 수 있었습니다. 이 소문이 김책시에 퍼져, 부모님이 외출하시면 가는 곳마다 제 이야기를 들을 정도였습니다. 정춘실 영웅을 만나고 왔다는 사실 자체로 엄청난 화제가 되었기 때문입니다. 시당 조직비서는 공장과 기업소 간부들을 모아놓고 '2000년대의 정춘실'이 나타났다며 저를 극찬했고,

더 분발하라는 지시까지 내렸다는 후문도 들려왔습니다. 덕분에 또 다른 면에서 '인싸'가 되었고, 졸업 당시 저를 외면했던 친구들조차 저를 보면 연예인이라도 만난 듯 반가워하며 후일담을 듣고 싶어 했습니다.

위대한 수령님께 충성하고 싶었던 저는 결국 꿈꾸던 대로 가장 어렵다고 하는 상업관리소 목장 산골로 들어가 탈북하기 전까지 일하게 되었습니다. 열일곱 어린 나이에 지칠 줄 모르고 그렇게 앞만 보고 나아갔던 그 용기가 도대체 어디서 나왔던 건지 참 신기하기만 합니다. 아마도 제 마음 깊이 새겨졌던 '아버지 대원수님의 꿈은 곧 나의 꿈'이라는 확신 때문이었을지도 모르겠습니다. 그 꿈을 이루기 위해, 정한 목표 앞에 놓인 모든 장애물이 무엇이든 더 이상 두고 볼 수 없었던가 봅니다. 지극히 목표지향적이고, 또 충성심으로 가득했던 그 시절의 저는 어떤 말로도 멈출 수 없는 아이였던 것 같습니다.

3장

북에 두고 온 두 아버지

따뜻했던 아버지의 등

저의 아주 어린 시절의 기억에는 아버지와 함께한 시간이 가장 많이 자리를 잡고 있습니다. 어머니는 병원에 자주 입원해 계셨고, 아버지께서 직장 생활을 하시며 저를 돌보셨습니다. 그때 '주말탁아소'라는 제도가 있었는데, 이름 그대로 아이들이 평일 내내 탁아소에서 지내고, 주말이 되면 부모가 데리러 와서 함께 시간을 보내는 것이었습니다.

어릴 적 기억의 조각들 중 하나는, 아버지가 데리러 오실 때마다 항상 저를 등에 업고 가셨던 장면입니다. 아버지의 따뜻한 등은 지금도 제 기억 속에 포근하고 그리운 온기로 남아 있습니다. 아버지 등에 업혀 가던 저는 중간에 내리겠다고 말하곤 했다는데, 아버지가 이유를 물으시면 그 어린 나이에 이렇게 대답했다고 합니다.

"엄마는 배가 아파서 병원에 있고, 아빠는 허리가 아프니까 오래 업히면 안 돼요."

아마 한 주 내내 일해서 피곤하실 아버지가 저를 업고 가는 게 힘들까 봐 그렇게 말했나 봅니다. 이런 제 유년 시절 이야기를 알고 있는 남편은 가끔 저를 위해 "업어줄까?" 하면서 등을 내어주곤 합니다. 그 물음은 제게 더할 나위 없는 사랑의 표현이기도 합니다. 그래서 남편 등에 업힐 때도 있고 바쁠 땐 웃으며 사양하기도 하지만, 그의 등에 업히면 어디서 오는지 모를 안정감이 밀려옵니다.

저의 아버지는 5남 3녀, 여덟 형제 중 다섯째였고, 어머니는 3남 3녀 중 막내셨습니다. 두 분 다 함경남도 함흥 출신이셨지만, 친가는 대부분 함흥에, 외가는 강원도에 뿌리를 두고 계셨습니다. 저는 키와 외모 모두 아버지를 많이 닮았고, 어릴 적엔 친가와 외가를 오가며 친척들로부터 많은 사랑을 받으며 자랐습니다. 어려서는 그렇게 귀여움을 받고 살았지만, 조금 커서부터는 두 남동생을 제가 업어 키우며 평범한 첫째 딸로 살았습니다.

제가 다섯 살 되던 해, 안전원(한국의 경찰, 훗날 '보안원'으로 호칭이 바뀜)으로 근무하시던 큰아버지의 도움으로, 아버지는 러시아에 벌목공으로 일하러 가셨습니다. 그때엔 그것도 '빽'이 있어야 갈 수 있는 기회였는데, 큰아버지가 안전원인 것이 큰 도움이 된 것입니다. 1980년에 떠나셨다가 3년 뒤에 돌아오셨고, 그 기간 동안 저는 어머니와 함께 8살까지 김책시 쌍화동에서 지냈습니다.

어머니는 아버지보다 더 엄격한 분이셨습니다. 한 번은 제가 밤늦게까지 동네 지인의 집에서 텔레비전을 보다 집에 늦게 들어갔는데, 쫓겨나고 말았습니다. "쪼꼬만 게 뭘 안다고 밤늦도록 남의 집에서 TV를 보고 다녀?" 하며 야단치셨지요. 하지만 그런 어머니 덕분에 공부 습관도 잘 잡았고, 초등학교 시절에는 암산 경연 대회에서 자주 1등을 하기도 했습니다.

아버지가 러시아에서 3년 동안 돈을 벌어오신 덕분에, 1983년에 저희 집은 주변에서 부러움을 사는 집이 되었습니다. 그 시절 아버지가 러시아에 다녀온 가정은 다른 집보다 넉넉할 수밖에 없었습니다. 러시아산 고급 원단과 이불감, 텔레비전, 약과 영양제, 사탕 같은 것들은 저로선 모두 처음 보는 외국 물건들이었습니다. 아버지가 그 재산을 일구기 위해 혹한 속에서 얼마나 어렵게 일하셨는지를 이해하기에는 제가 너무나 어렸습니다.

정전이 잦았던 북한에서, 아버지는 전기가 나가기만 하면 기타를 꺼내 들고 러시아에서 배워온 노래를 부르곤 하셨습니다. 기타 실력이 워낙 뛰어나셔서, 깜깜한 어둠 속에서 보지 않고 치는 것은 일도 아니었습니다. 밤공기를 가르고 울려 퍼지는 아버지의 기타 소리는 조용한 우리 집과 동네 주변의 아파트 틈새를 타고 흘렀고,

그 자체로 힐링이 되기도 했습니다. 아버지에게 기타를 배우겠다고 찾아온 사람들이 한둘이 아니었습니다. 정작 저는 그런 아버지께 기타 배울 생각을 왜 하지 않았는지, 지금도 가끔 그게 참 아쉽습니다.

아버지는 때로 러시아에서 겪은 일을 무용담처럼 들려주기도 하셨지요. 키가 아버지의 두 배쯤 되는 러시아 사람들 중에 나쁜 이들이 있었는데, 아버지에게 시비를 걸면 주저하지 않고 박치기로 제압하셨다는 겁니다. 박치기를 워낙 잘해서 소문까지 났고, 나중에는 아버지만 봐도 피해 다녔다고 하시더군요. 키 큰 사람을 붙잡고서 어떻게 박치기를 했는지 시늉도 해보이셨습니다.

아버지가 머무시던 숙소에는 쥐가 들락거렸고, 바깥 날씨가 얼마나 추웠는지 콧물이 잠깐 흘러도 금세 얼어 코끝에 고드름이 맺혔다고 웃으며 말씀하셨습니다. 그건 웃을 일이 아니었습니다. 그 낯선 땅에서의 고생은 모두 엄마와 저를 더 잘살게 해주려 하셨던 아버지의 젊은 날이 고스란히 녹아 있는 이야기였던 겁니다.

지금도 그때 먹었던 사탕과 초콜릿 맛은 잊을 수 없습니다. 더 이상 남의 집에 가서 TV를 보는 수고를 하지 않아도 되었으니, 그 시절이 얼마나 좋았는지 모릅니다. 사람들의 부러움도 받았고, 그래서 더욱 신났던 기억으로 남아 있습니다.

죽도록 미워한 아버지

하지만 정말 기억하기 싫은 아버지의 또 다른 모습 때문에, 저는 철이 들면서 아버지를 너무나 미워하게 되었습니다. 어린 시절에는 아버지 품에서 사랑을 받으며 자랐지만, 나이가 들면서 아버지의 잦은 술주정과 가정폭력으로 인해 제 마음의 상처는 점점 깊어졌고, 결국 증오로까지 번지고 말았습니다.

맏이로 자라며 부모님의 다툼을 지켜본 저는, 그 안에서 크게 두 가지 쟁점을 발견할 수 있었습니다. 저의 아버지와 어머니는 북한식으로 말하면 전형적인 프롤레타리아, 즉 노동자 집안 출신이었습니다. 북한 사회를 조금이라도 아는 사람이라면, 그곳에서 출세의 첫 단추는 '조선로동당' 당원이냐 아니냐로 갈린다는 사실을 알 것입니다. 출세뿐 아니라 모든 사회적 기준이 그것으로 정해지지요. 그런데 술에 취한 아버지가 어머니에게 쏟아내는 원망은 늘 같았습니다. 어머니의 가족 성분 때문에 자신이 입당하지 못해, 결국 출세하지 못했다는 것이었지요. 러시아에서 벌목공으로 일할 때도 반장까지는 했지만, 어머니의 가족 배경이 걸림돌이 되어 더 이상 올라갈 수 없었다며 화풀이를 하곤 하셨습니다.

사실 어머니 쪽 가족사는 조금 특별했습니다. 외할아버지는 김일성에게 상을 받을 만큼 필력이 있는 작가셨고, 외할머니는 함흥 체육위원회에서 정구와 탁구를 가르치던 지도원이셨습니다. 그런데 어느 날 외할아버지가 영문 모를 죽임을 당하고, 그 일로 어머니의 가족에게 '처단자'라는 딱지가 붙게 되었습니다. 결국 어머니 형제들은 모두 출세길이 막혀버렸던 것입니다. 아버지는 결혼 전에 이 사실을 알고 계셨고, 괜찮다고 하셨지만, 막상 결혼 후에 자신의 발목을 잡는 요인으로 작용하자 어머니를 원망하게 되신 것이지요.

또 하나의 쟁점은, 지금도 여전히 아름다우시고 예능 감각까지 지닌 어머니의 외모 때문이었습니다. 아버지는 어머니가 남자 사람 앞에만 서 있어도 의심하셨고, 술주정이 시작되면 밤을 새우고 다음 날 아침까지 계속되었습니다. 우리 가족은 숱하게 밖으로 쫓겨나야 했고, 술 심부름은 말할 것도 없으며, 지인 집에 피신해 있으면 찾아와 행패를 부리곤 했습니다. 술을 드시지 않으면 세상 어디에도 없는 따뜻한 분이셨지만, 술주정으로 망가진 아버지의 이미지는 좀처럼 벗겨지지 않았습니다.

이런 가정불화 때문에, 저는 밤마다 학교에 가서 등잔불을 켜놓고, 추운 겨울이면 오들오들 떨기까지 하며 혼자 공부하곤 했습니다. 때로는 친구 집에서 쪽잠을 청하거나, 나무 더미 위에서 밤을 지새우기도 했습니다. 그 시절의 저는 아버지를 도저히 용서할 수 없었고, 미칠 만큼 미워했습니다. 하지만 지금은 다르게 생각합니다. 만약 아버지가 그런 세상이 아닌 곳에서 태어나셨다면, 출세를 위해 당원이 되는 것이 전부가 아닌 나라에서 사셨다면 어떠셨을까? 과연 그렇게까지 한 많은 사람이 되셨을까? 어머니에게 화풀

이하고, 우리에게 상처를 주는 일을 계속하셨을까? 이제 아버지를 한 명의 사람으로 조금은 객관적으로 바라보니, 그렇게 불쌍할 수가 없습니다.

마지막으로, 즉 두 번째로 탈북해 나올 때도, 저는 아버지 얼굴조차 보지 않을 만큼 미움으로 가득 차 있었습니다. 사랑으로 키워주셨지만, 결국 딸에게 미움만 받고 떠나신 아버지, '사랑한다'는 말 한마디를 딸에게 듣지 못하고 가신 아버지, 그 상처가 이렇게 깊고 깊게 남을 줄은, 그때는 미처 몰랐습니다.

정치적 생명과 육체적 생명

저는 1994년 1월부터 김책시 상업관리소 목장에 배치되어 일을 시작했습니다. 사실 북한에서 '상업관리소' 자체는 아무나 들어갈 수 없는 좋은 직장이었습니다. 상업관리소는 도 · 시 · 군 단위로 존재하며, 주민들에게 필요한 상품과 서비스를 공급하는 지역 기반의 유통기관이었습니다. 공장과 기업소에서 만들어진 상품을 받아 창고에 보관하고 검수한 뒤, 지역 상점들에 배분해 주민들에게 공급하는 역할을 했지요. 이런 곳에서 일하면 뒤로 빼낼 수 있는 상품도 있고, 특히 상점 판매원은 여성들에게 최고의 직업 중 하나로 꼽혔습니다. 식료품상점, 공업품상점 같은 기본 상점망이 있었고, 한국의 농협이나 축협처럼 과일남새상점, 수산물상점 같은 특화된 상점도 있었습니다.

하지만 목장은 달랐습니다. 북한에서 직업 선호도로 따지자면 농촌이나 광산으로 가는 것이 최악인데, 목장은 그에 준할 만큼 힘든 곳이었습니다. 산에도 가야 하고, 농사도 지어야 하고, 가축 관리까지 해야 하는, 한국식으로 말하자면 3D 업종이었습니다. 그래도 충성심으로 충만했던 저는 시당 조직비서의 뒷배로 그곳에 배치받았기에 기세등등했습니다. 이런 저를 상업관리소 소장을 비롯해 곱지 않게 보는 이들도 꽤 있었습니다. 그러나 충성심에 불탄 저는 개의치 않았고, 목장에서 신나게 일을 시작했습니다.

제가 유별나게 충성심 하나로 살아왔기에 그렇지, 북한도 사람 사는 곳인지라 대부분은 본능대로 살고 있음을 일찌감치 보아왔습니다. 그런 사람들에 비하면, 저는 꽤나 고지식하고 원칙대로 사는 사람이었던 셈입니다.

1994년 7월 8일, 밭에서 한창 일하고 있는데, 누군가 달려와 울면서 "큰일 났다! 다 내려가야 한다!"라고 외쳤습니다. 왜 그러냐고 물었더니, "우리의 위대한 수령님이 서거하셨다!"라는 것이었습니다. 저는 처음에는 신기할 만큼 그 말을 믿을 수 없었습니다. 김일성 주석도 결국은 사람이었는데, 그도 죽을 수 있다는 생각을 왜 하지 못했던 걸까요. 모두 충격에 휩싸여 목장 사무실로 모여들었고, TV로 사망 소식을 확인한 우리는 그야말로 넋이 나가버렸습니다. 저 역시 그때의 소식이 너무 충격적이라, 지금도 기억이 오히려 희

미합니다. 며칠간 산과 들로 꽃을 꺾으러 다니며 많이 울었던 기억만 어렴풋합니다. '이제 우리나라는 어떻게 될까?' 하는 걱정이 앞섰습니다. '김정일 장군님의 위대함'을 교육받아 왔지만, 김일성 주석의 빈자리는 너무 커서 착잡한 마음을 금할 길이 없었습니다. 하지만 슬픔은 오래가지 않았습니다. 애도와 추모가 이어지고, 수령님의 유훈을 이어갈 장군님을 위해 더 충성해야 한다는 각오가 마음속에 자리 잡았습니다.

"위대한 수령 김일성 동지는 영원히 우리와 함께 계신다!"

김 주석 사망 이후 등장한 이 구호와 함께 노래도 나왔고, 좌절했던 마음에 다시 불을 붙였습니다. 그때 저는 깨달았습니다.

"아, 맞다. 우리의 아버지 김일성 대원수님은 영원히 우리와 함께 계시는 거야. 사망했다고 슬퍼할 일이 아니야."

북한에도 "호랑이는 죽어 가죽을 남기고, 사람은 죽어 이름을 남긴다"라는 속담이 있습니다. 그럴진대, 우리에게 주어진 '정치적 생명'은 얼마나 더 고귀한 것인가 싶었던 것입니다. '육체적 생명보다 더 값진 정치적 생명을 우리에게 부여해주신 김일성 대원수님을 위해 사는 길은 김정일 장군님의 뒤를 따라 또 잘 살아내는 것이다'라고 다짐하게 된 것입니다.

그동안 배워온 모든 교육 내용들이 주마등처럼 머릿속을 스쳐갔습니다. 일제강점기, 영하 40-50도의 혹한 속에서 나라를 되찾기 위해 싸운 김일성 장군님과 항일 무장투쟁의 독립운동가들처럼,

6 · 25 전쟁에서 조국을 지키려고 목숨을 바친 영웅들처럼, 저 역시 조국과 인민을 위해 사는 것이야말로 진정 멋진 삶이라는 생각이 들었습니다.

이 땅에 진짜 아버지가 필요하구나

북한은 '구호의 나라'라는 말을 다들 들어보셨을 것입니다.

'전체는 하나를 위하여, 하나는 전체를 위하여!'

'김정일 장군님을 위하여 총폭탄이 되자!'

이런 구호 하나하나가 사람들의 정신세계를 단단히 무장시키는 강력한 무기가 된 것입니다.

제가 한국에 온 지 얼마 되지 않았을 때, 지금도 잊히지 않는 한 장면이 있었습니다. 2003년 대구에서 열렸던 하계 유니버시아드 대회에서 김정일 위원장의 사진이 포함된 현수막이 빗물에 젖자, 이를 막으려고 애쓰며 눈물까지 흘리던 북한 미녀응원단의 모습이 생생하게 TV를 통해 중계된 일이었습니다. 그 장면을 본 한국 사람들 중에 많은 이들이 "소름 끼친다"며 손가락질을 했습니다.

그러나 저는 그들의 행동을 백번 이해하고도 남았습니다. 왜냐하면 저 역시 그들과 같은 교육을 받았고, 똑같은 체제 아래에서 자라난 사람이었기 때문입니다. 하지만 그들이 왜 그런 반응을 보일 수밖에 없는지, 그 배경을 이해하려는 사람은 남한 사람 가운데 거의 없었습니다. 그들의 행동을 보고 "나라도 저 땅에서 태어났다면 저럴 수 있었겠다"라고 말하는 이는 누구도 없었습니다. 저는 그 장면을 바라보면서, 오히려 더 깊은 생각에 잠기게 되었습니다.

'아, 통일은 정말 쉬운 일이 아니겠구나.'

서로 너무도 다른 교육을 받고, 다른 시선을 가진 남과 북의 사람들이 서로를 향해 손가락질하는 이 현실이야말로 통일을 가로막는 가장 큰 벽이 아닐까 하는 생각이 들었습니다.

그런데 참 모순인 건, 그런 모습이 제 안에도 분명히 있었다는 겁니다. 정확한 연도는 기억나지 않지만, 어느 날 지하철을 타고 가던 도중에, 우연히 지하철 안 모니터에서 뉴스를 보게 되었습니다. 순간 온몸에 솜털이 쭈뼛 서며 소름이 돋았습니다. 분명히 한국인데, 화면 속 장면은 마치 북한의 집단 행사 현장을 그대로 옮겨놓은 것처럼 보였습니다. 수천 명이 한 인물을 향해 열광하고, 카드섹션을 하고, 정돈된 동작으로 무언가를 외치고 있는 그 장면은 제가 북한에서 수없이 보았던 장면 그대로였습니다. 알고 보니 그 뉴스는 이단 집단 '신천지'에 관한 것이었습니다.

그 순간, 머릿속을 스쳐 지나간 생각은 이랬습니다. 통일이 된 후 북한에 들어가 복음을 전하는 일은 물론 중요하지만, 그때까지 기다리기만 할 것이 아니라는 것입니다. 오히려 지금 이곳 대한민국 안에서 북한 사람들과 너무도 비슷한 저 사람들을 구출해야 한다는 생각이 불같이 일었습니다. 하나님이 아닌 사람에게 열광하고,

사실상 영적으로 통제받고 있는 이들에게 먼저 복음을 전해야 하는 것이 아닐까 하는 생각이 들었습니다.

북한은 닫힌 체제 속에서 외부 정보를 차단당한 채 김씨 가문을 우상처럼 섬기고 있지만, 한국은 모든 정보가 열려 있는 자유사회입니다. 그럼에도 불구하고, 사람들이 하나님의 자리를 대신한 '인간'을 추종하는 현실에 큰 충격을 받았습니다. 교회 건물의 출입구마다 '신천지 출입금지'라는 문구를 붙여놓고 있으며, 저들을 적극적으로 품거나 복음으로 이끌려는 모습은 오히려 찾아보기 어려웠습니다. 그 모습을 보며 저는 스스로에게 되물었습니다.

'정말 우리가 북한을 향해 손가락질할 자격이 있는가?'

그렇게 생각하던 중, 제 안에서 또 한 번 생각이 멈춰 섰습니다. 대한민국 안에서조차도 하나님이 아닌 '인간'을 우상처럼 따르고 있는 모습을 보며, '이것이야말로 진정한 영적 전쟁이구나' 싶었던 것입니다. 사탄은 북한에서 '정치적 생명'이라는 이름으로 북한 주민들을 현혹하여 김씨 가문을 섬기게 만들고, 대한민국에서는 '영적 생명'을 내세우며 미혹의 영으로 사람들을 현혹시키고 있습니다. 결국 두 체제 모두 위험해 보였습니다. 그때 깨달았습니다. 사탄이 영적 생명은 물론 자녀들의 육적인 생명까지 파괴하는 존재라는 사실을 말입니다. 그리고 그 미혹의 전략이 국경도 체제도 가리지 않고 작동하고 있다는 것을요. 그래서 더더욱, 이 땅에 '진짜 아버지가 필요하다'라는 사실을 깊이 느끼게 되었습니다.

4장

한반도 아버지들의 아버지

남성 중심 세대주 체제의 붕괴

저의 아버지 인생을 떠올리면, 자연스럽게 북녘 아버지들의 모습이 겹쳐 떠오릅니다. 제가 성장하던 1980년에서 1990년대 중반까지만 해도, 북한은 사회주의 체제이지만 일제강점기 이전의 봉건사회 잔재와 유교적 사고방식이 여전히 짙게 남아 있었습니다. 북한이 해방 이후 '여성 평등'을 내세우며 여러 개혁적인 제도를 도입했지만, 실제 삶의 자리에서는 여전히 '남자는 하늘, 여자는 땅'이라는 말을 공공연히 들어야 했습니다.

1946년 7월 30일, 북한은 '남녀평등권에 대한 법령'을 발표하여 남녀가 자유롭게 결혼하고 이혼도 할 수 있고, 상속권 또한 동등하게 누릴 수 있다는 걸 법제화했습니다. 이어서 '토지개혁과 20개조 정강'을 통해 여성도 토지 분배 대상에 포함되고, 남성과 똑같이 선거권과 피선거권을 가진다고 선언했습니다. 또한 '동일노동, 동일임금' 원칙을 내세우며 여성의 정치 · 사회 참여를 장려했고, 민주여성동맹을 조직하여 여성 대표 비율을 늘리고, 여성 기술자와 교육자로서의 역할 확대를 독려하기도 했습니다.

하지만 제도와 현실은 모순처럼 달랐습니다. 단적인 예가 '세대주 중심의 배급 수령 제도'였습니다. 공식적으로 배급권은 세대주에게 귀속되었는데, 대부분의 가정에서 세대주는 아버지 혹은 남편이었습니다. 결국 아내와 자녀들은 아버지를 통해서만 배급을 받을 수 있었습니다. 법과 정책에서는 남녀가 평등하다고 외쳤지만, 실제 삶의 현장에서는 여성들이 생계 자원의 직접 결정권과 수령권에서 배제된 것입니다. 이것은 여성의 독립성과 권리가 제도적으로 제한되고 있음을 잘 보여줍니다. 결과적으로 여성은 가사와 자녀 양육 같은 보조적인 역할을 주로 담당하며, 생계의 주체가 아니라 '부양받는 자' 혹은 '돕는 자'의 위치에 머물러야 했습니다. '평등'이라는 구호가 현실의 위계를 덮는 장식에 불과했던 셈입니다. 이처럼, 북한은 사회주의와 혁명의 이름으로 남녀평등을 강조했지만, 실제 생활에서는 법과 제도, 문화와 의식 사이에 커다란 간극이 존재했습니다. 전통적인 가부장 제도와 유교적 가족관, 남성

우위의 사고방식은 법적으로 폐지되었다고 해도 사람들의 문화와 일상에 여전히 깊게 남아 있었고, 그것은 남녀평등의 실천을 가로막는 벽이 되었습니다. 그런데 그 벽이 무너진 사건이 있었습니다. 바로 '고난의 행군'이었습니다.

집 지키는 멍멍이와 낮전등 신세

1994년 김일성 주석이 사망한 뒤, 이미 곪아 있던 북한 경제가 급격히 무너지면서 배급 시스템 또한 붕괴했습니다. 보름에 한 번씩 지급되던 쌀 배급이 끊기자, 집안의 안주인으로만 살아가던 어머니들이 생존을 위해 거리와 장마당으로 나설 수밖에 없었습니다. 먹어야 살 수 있기 때문이었지요. 남성 중심의 세대주 체제가 사실상 붕괴되면서, 오히려 여성들이 집안을 책임지고 생계를 지탱하는 주체로 나서게 된 것입니다. 이 때문에 북한의 장마당은 그야말로 생존 본능을 강타하며 순식간에 발전했습니다.

어머니들은 처음에는 집안 물건 중 먹을 것과 바꿀 수 있는 것들을 하나둘 내다 팔다가, 나중에는 집안의 거의 모든 것을 장마당으로 가져가야 했습니다. 북한에는 1980년대부터 '오장육기'라는 말이 있었는데, 다섯 가지 장(이불장, 양복장, 책장, 찬장, 신발장)과 여섯 가지 기기(TV수상기, 냉동기, 세탁기, 재봉기, 선풍기, 녹음기)를 말하는 겁니다. 결혼할 때 이런 걸 다 갖추면 잘 준비했다고 여겨졌습니다.

하지만 2000년이 지났을 때도 이 모든 것을 갖춘 집은 손에 꼽을 정도였지요. 세월이 흘러 2010년대에 들어서는 '오장육기' 대신 휴대폰, 컴퓨터, DVD플레이어 같은 전자기기를 얼마나 보유했는지가 부유층의 기준이 되었습니다. 전기 사정이 열악했지만, 전자기기를 위해 개인 발전기나 태양광 패널을 들여 전기를 충당하는 가정도 나타났습니다. 그런데 고난의 행군 시절에는 그런 것들이 생존에 아무 소용이 없게 되었습니다. 그래서 '오장육기'까지 하나씩 내다 파는 집들이 흔해졌습니다. 그러니 대부분의 가정에서는 오죽했겠습니까?

사느냐 죽느냐의 기로에 선 어머니들과 여성들은 장마당으로, 산과 들로, 국경지대로 나섰습니다. 혜산이나 라선 같은 접경지역으로 '달리기'를 하는 분들도 많이 생겼습니다. '달리기'란 기차와 자동차를 타고 장거리 장사를 하는 것을 뜻하는 말입니다. 이들은 고향의 특산물을 가져가서 팔고, 그 돈으로 중국에서 들어온 공산품을 사서 고향으로 돌아와 이윤을 남기는 방식으로 돈을 벌었습니다. 그래서 이 시절에는 '앉은 장사'보다 '달리기'가 훨씬 큰 이익을 남긴다고들 했습니다. '앉은 장사'란 자기 지역에서 나물이나 음식을 팔거나, 달리기 장사꾼들이 들여온 물건에 값을 붙여 되파는 소매 장사를 일컬었습니다. 물론 자금을 굴리던 '돈 주'라고 불리는 사람들도 있었는데, 그건 또 다른 차원의 장사를 하는 사람들이었습니다. 이런 식으로 국내에서 물물교환이 활발해지면서, 북한의 장마당은 북한 경제의 숨통을 틔우는 역할을 했습니다. 그 한가운데에 어머니와 누이들의 헌신적인 노력이 있었던 것이지요.

접경지역으로 장사를 다니던 분들은 자연스럽게 바깥세상을 접하게 되었습니다. 그 과정에서 중국으로의 탈출이라는 길로 들어서게 된 것이고요. 그래서 한국에 입국한 북향민들 가운데 여성의 비율이 70퍼센트 이상으로 높은 것은 바로 이런 역사적 배경 때문입니다.

하지만 그 시절에는 슬픈 풍자가 있었습니다. 고난의 행군 시기 때 북한의 아버지들에게 붙여진 별명 가운데 대표적인 것이 '집 지키는 멍멍이'와 '낮전등'이었습니다. 아버지들이 집이나 지키는 개 같은 신세가 되었고, 낮전등은 말 그대로 쓸모없게 됐다는 뜻이었지요. 물론 북한의 아버지들이 이런 호칭을 받아들인 것은 아니지만, 사회적으로 이런 표현이 유행했다는 사실 자체가 아버지들의 위상이 얼마나 약화되었는지를 보여줍니다. 북한 체제가 만들어 놓은 '세대주'라는 자리에서 아버지들이 실권을 잃어버리게 된 것은 고난의 행군에서 피할 수 없는 운명이었습니다.

그런데, 더 슬픈 운명이 있었습니다. 배급이 끊긴 후에도 아버지의 출근은 여전히 중요했다는 사실입니다. 출근은 곧 국가에 충성하고 사회주의 체제에 복종한다는 상징이었으며, 배급이 끊겼다고 해서 출근을 거부하면 가족 전체가 불이익을 당할 것이 뻔했기 때문입니다. 결국 가족을 지키는 길은 출근을 이어가는 일이었습니다. 역설적인 결과이지만, 아버지들이 겉으로는 존재감이 약해진 것처럼 보여도 묵묵히 출근을 지켰기에 어머니와 누이들이 장사에 나설 수 있었고, 가정의 생계 또한 이어갈 수 있었습니다. 모순적인 체제에서 소외되었던 여성들에 의해 그 체제가 유지되었다는 사실은, 지금 생각하니 아이러니가 아닐 수 없습니다.

'고난의 행군' 이전부터 세대주가 직장에 나가야만 가족 전체의 배급표를 받을 수 있었습니다. 그래서 아버지의 출근은 오랫동안 가정의 생계를 지키는 필수 조건이었습니다. 하지만 배급이 없어도 아버지는 형식적으로라도 출근해야 했고, 그 사이에 생계는 어머니와 누이들의 몫이 되었습니다. 이때부터 북한의 아버지들의 위상이 조금씩 흔들리기 시작했습니다. 북한 주민들의 고통 또한 깊어갔습니다. 그러나 북한 주민들의 고통은 그것으로 끝이 아니었습니다. 가족을 지키기 위해 목숨을 걸고 국경을 넘어야 했던 수많은 어머니와 누이들의 인권유린과 고통은, 겪어보지 않은 이들은 결코 알 수 없는 비극이었습니다.

수많은 고난과 아픔, 심지어 죽음의 문턱을 넘어 이 땅에 도착한 어머니와 누이들에게, 저는 진심 어린 찬사를 보냅니다. 한편, 어떤 이는 아내와 딸과 생이별한 채 가족을 찾아, 또 어떤 이는 여러 이유로 남한에 와서 새로운 삶을 아버지로서 살아내고 있습니다. 북쪽에서 태어난 모든 아버지들에게, 특별히 위로와 격려의 박수를 보냅니다.

북과 남의 아버지들이 겪은 동시대의 고난

제가 한국의 아버지들에 관심을 품게 된 계기는 2006년 12월부터, 한국에서 자살하려는 청년들을 만나면서부터였습니다. 이 청년들의 대부분은 가정에서 '아버지의 부재'가 컸고, 가정이 깨진 상태이기도 했습니다. 아버지에게서 사랑을 받아보지 못한 이들이 매우 많았습니다. 그래서 '아버지'를 화두로 삼고서 최근 역사의 이면을 돌아보다가, 한국의 많은 가정들에서도 IMF로 인해 아버지가 어떻게 무너졌는지를 알게 되었습니다.

경제 수준의 격차가 극명했던 남과 북이었지만, 참 아이러니하게도 마치 한 몸처럼 비슷한 시기에, 비슷한 연령대의 아버지들이 동시에 경제난을 겪었습니다. 북쪽에서는 1995년에서 2000년 사이에 수많은 아사자가 발생한 고난의 행군이 있었고, 남쪽에서는 1997년과 1998년에 IMF 외환위기가 덮쳤으니 말입니다.

제가 중국으로 간 때가 1997년이었는데, 처음 가진 직업은 '한국산 면내의'를 파는 가게의 점원이었습니다. 그때 중국 거리를 누비며 보따리 장사를 하는 한국의 사장님들은 중국 사람들에게 그저 동경의 대상이었습니다. 당시 저는 한국 문화 자체를 접하는 것만으로도 신세계를 보는 것 같았습니다. 가게에서 한국 TV를 위성으로 보기도 했지만, IMF라는 경제 상황까지 읽어낼 눈과 귀는 제게 열려 있지 않았습니다. 더구나 그때만 해도 제게는 한국어 역시 외국어나 다름없었습니다. 하다못해 바로 옆 가게의 부산 출신 사장님의 말조차 처음에는 잘 알아듣지 못했습니다. 그러니 그때는 IMF의 충격을 실감하지 못했고, 한국에 와서야 제대로 알게 되었습니다.

사실 전쟁 직후 1950년에서 60년대를 살았던 아버지들은 남이나 북이나 모두 힘들었습니다. 가족을 굶기지 않으려는 마음 하나로, 무너진 폐허에서 일어나 건설 현장과 공장과 농촌으로 흩어져 땀을 흘렸습니다. 굶주림을 견디면서 가족을 먹여 살리던 그 땀방울이 결국 나라를 다시 일으켜 세운 힘이 되었습니다.

남한의 아버지들은 산업화의 물결 속에서 '산업역군'이라고 불렸습니다. 포항의 제철소, 울산의 조선소, 구로의 공장마다 아버지들의 땀이 배어 있습니다. 낮에는 기계 소음 속에서 일하고, 밤에는 잠시 눈을 붙였다가 다시 현장으로 갔습니다. 자신은 굶어도 자식만큼은 굶기지 않겠다는 마음, 자식에게는 더 나은 미래를 물려주겠다는 책임감이 아버지들의 어깨를 눌렀지만, 그것이 삶을 지탱하기도 했습니다. 그 희생은 나라의 성장으로 이어졌고, 동시에 가정을 떠받치는 기둥이 되었습니다.

하지만 IMF 외환위기가 찾아오자, 무거운 짐을 지고 있던 아버지들이 가장 먼저 무너졌습니다. 하루아침에 직장을 잃고 길거리로 나앉아야 했던 아버지들이 있었습니다. 가족을 지켜내지 못했다는 죄책감 속에서 절망에 빠졌습니다. 그래서 극단적인 선택으로 생을 마감한 아버지들도 있었습니다. 실제로 한국의 자살률은

1997년 이전에는 OECD 평균보다 낮았지만, 1998년에는 전년 대비 50퍼센트나 증가했고, 특히 40-50대 남성 가장들의 자살이 급증했습니다. 전국의 노숙인 숫자도 1997년 이전에는 약 2천 명이었는데, 1998년과 1999년에는 3만 명에 이르렀습니다.

IMF는 단순한 경제위기가 아니라, 아버지들의 정체성과 자존심을 송두리째 흔들어버린 인생의 거대한 쓰나미였습니다. 그 시절을 살아간 IMF 세대의 아버지들은 자존심과 생존을 동시에 잃어야 했고, 그 상처는 여전히 집단적 기억으로 남아 있습니다. 그 아버지들의 자녀들은 이제 또 다른 아버지들이 되어, 이 땅에서 저마다의 무게를 짊어지며 삶을 이어가고 있습니다. 아버지들의 눈물과 희생 위에서 자라난 세대가 다시 새로운 시대의 아버지로 서 있는 것입니다.

한반도의 옛날 아버지들

돌이켜보면, 전쟁이 끝난 뒤의 한반도는 남이나 북이나 똑같이 폐허 위에 서 있었습니다. 물론 북녘과 남녘의 아버지들이 걸어간 길은 서로 달랐습니다.

북녘의 아버지들은 전쟁의 상처를 안은 채 당이 시키는 대로 움직여야 했습니다. 나라가 모든 것을 통제했고, 생계도 배급제에 묶여 있었습니다. '아버지'라는 이름으로 가족을 먹여 살린다기보다,

당이 정해준 몫을 받아 나누어 주는 관리자로 전락했습니다. 그래도 그들은 국가가 복구를 위해 내세운 구호 아래 공장으로, 광산으로, 전력 시설로 달려갔습니다. '일제 치하에서 나라를 찾아준 김일성 수령에 대한 고마움' 때문에, 나라가 살아야 가족도 산다는 체제의 명령은 이상하지 않았습니다. 쌀밥에 고깃국을 먹으며, 비단옷을 입고 기와집에서 산다는 공산주의 이상을 꿈꾸며 열심히 살았습니다. 체제가 어떠했든, 북녘의 아버지들도 가정을 지키고, 가정을 위해서만큼은 가장 든든한 울타리가 되려고 최선을 다해 사셨던 것입니다. 그런 아버지들이 고난의 행군 이후 배급 체제가 붕괴되면서, '세대주'가 아닌 '집 지키는 멍멍이, 낮전등'으로 불리며 아버지로서의 존재감을 상실하는 '웃픈' 역사도 남겼지만, 그들도 여전히 우리들의 아버지들이십니다.

반면, 남녘의 아버지들은 전쟁 직후 먹을 것이 없어서, 아이들이 보릿고개를 넘지 못해 굶어 죽는 걸 보는 일이 흔했다고 하더군요. 집은 무너졌고, 돈 대신 미국에서 들어온 원조 밀가루와 분유로 연명해야 했습니다. 이때 남한의 아버지들은 하루 벌어 하루 살아야 했습니다. 막노동판에서 흘린 땀이 곧 저녁 밥상이 되었고, 미군 부대에서 흘러나온 원조품을 얻기 위해 줄을 서는 것도 아버지들의 몫이었습니다. 자존심은 상했지만, 아버지들은 가족만은 굶기지 않으려 이를 악물었던 것 같습니다.

1960년대는 소련과 중국의 원조를 등에 업고 중공업을 빠르게 복구해 나간 북한이 남한보다 좀 더 경제적으로 앞섰던 것 같더군요. 남한에 와서 많이 들은 이야기 중의 하나가 "예전에는 북한이 우리보다 더 잘 살았다"라는 것이었습니다. 그러나 그건 그리 오래가지 못했습니다. 세계와 단절된 채 군사와 이념을 앞세운 경제, 특히 공산주의 계획경제의 한계는 어쩔 수 없이 하락의 길을 걷게 됩니다. 반면에 남녘의 아버지들은 처음에는 미국의 원조가 없으면 버티기조차 힘들었지만 60년대에 수출의 길이 조금씩 열리고, 1970년대에 이르러선 세계 시장과 직접 맞붙으면서 낮에는 공장에서 쇳물을 쏟아내고, 밤에는 재봉틀을 돌려 외화를 벌어들였습니다. 그렇게 하루하루 쌓아 올린 아버지들의 땀과 희생이 모여 산업화의 기적을 만들어내고, 마침내 1970년대 후반에 이르러 남한은 경제적으로 북한을 앞지르게 되었다지요.

아버지들도 아버지를 만나야

한반도의 아버지들은, 북쪽에서는 공산주의 이상을 향해, 남쪽에서는 산업화를 일구며 기초를 쌓아 왔습니다. 그런데 오늘날 남한의 아버지들은 또 다른 무게를 짊어지고 살아갑니다. 시대가 변하여 자녀세대는 더 이상 권위적인 아버지를 원하지 않고, 평등한 가정, 대화하는 아버지를 요구합니다. 그 과정에서 아버지들은 때로 위축되기도 합니다. 페미니즘의 목소리가 사회 전반에서 강하게 울려 퍼지면서, 일부 아버지들은 자신이 시대의 가해자로 지목되는 듯한 불편함을 느낍니다. 그렇다고 해서 지금의 아버지들이 여전히 여성들을 약자로만 보고, 여성 평등을 실천하지 않는 사회적 현실에 동의하는 것은 결코 아닙니다. 다만 변화의 과정 속에서, "나는 어떻게 살아야 좋은 아버지가 될 수 있는가?"라는 질문 앞에서 정체성의 혼란을 겪고 있는 것입니다.

또한 맞벌이가 일상화되면서, 이제는 아버지가 혼자서 경제적 무게를 다 짊어지지 않아도 되는 시대가 되었습니다. 어머니와 함께 수입을 나누며 가정을 세워가는 모습이 자연스러워졌고, 이는 분명 아버지들의 짐을 덜어 주는 변화였습니다. 그러나 여전히 아버지는 가정의 주된 버팀목으로 기대되고 있습니다. 가정에 따라 경제적 무게가 절반쯤 가벼워진 듯 보이지만, 마음속 깊은 곳에서는 여전히 '가정을 지켜야 한다'라는 부담이 아버지들의 몫으로 크게 자리 잡고 있습니다.

북녘을 돌아보면 사회 구조적인 변화는 크지 않았지만, 고난의 행군을 지나면서 아버지들의 권위와 위치는 많이 약화되었습니다. 대신 장마당을 열고 가족의 생계를 책임지며 집안을 지켜낸 건 어머니와 여성들이었습니다. 그 과정에서 여성들의 위상과 역할은 이전보다 훨씬 중요해졌습니다. 이렇게 보면, 남과 북 모두 시대의 흐름 속에서 여성의 자리가 한 단계 높아진 것은 분명한 사실입니다. 그러나 그 속에서도 아버지들은 여전히 자기 자리를 지키려 애쓰며, 변해가는 세상 속에서도 묵묵히 가정의 울타리를 붙들고 있습니다.

한반도의 아버지들의 삶의 궤적을 이렇게 따라오다 보니, 마음 깊은 곳에서 울컥하는 감정과 함께 깊은 존경심이 우러나옵니다. 서로 다른 길을 걸어온 북과 남이지만, 아버지라는 공통된 이름으로 지켜온 헌신과 책임의 무게가 있었기에 오늘의 한반도가 존재합니다. 지금도 여전히 무거운 짐을 지고서 살아가는 이 땅의 모든 아버지들에게 진심 어린 감사와 박수를 보냅니다.

아버지의 자리는 소중하고 중요합니다. 체제가 흔들리고 경제가 요동칠 때마다, 가장 먼저 무너지는 자리도, 가장 먼저 일어서는 자리도 바로 아버지들의 자리였습니다. 지금 아버지인 이들의 아버지는 고난의 시절 때문에 아버지 역할을 제대로 하지 못하셨기에, 아버지가 있었지만 없었던 것이나 마찬가지였을 것입니다. 그래서 쉼이 없었습니다. 사람은 모름지기 아버지가 있어야 쉼을 누릴 수 있기 때문입니다. 의지할 대상이 아버지뿐이기 때문입니다.

그래서 저는 이렇게 생각하고, 이렇게 믿습니다. 아버지들도 아버지를 만나야 한다고요. 이 땅의 모든 아버지들이 진짜 아버지를 만나야 비로소 쉼을 얻고, 그 무거운 짐에서 자유하게 될 것입니다. 이 책을 통해, 부디 '진짜 아버지'를 모두 만나시기를 간절히 바랍니다.

2부

아버지를 떠나 별 세상으로

5장

굶주림이 충성심을 이기다

충성심도 이기지 못한 굶주림

1994년부터 1996년 8월까지는 짧지만 제 생애의 모든 것을 갈아넣어 충성을 다한 목장 생활이었습니다. 저는 일을 시작한 지 얼마 안 되어 '선동원' 일을 병행하며, 청년 분조에서 온갖 일을 도맡아 했습니다. '선동원'이란 당에서 가장 신뢰하는 사람들 중에서 선출하여, 조직 내 사람들이 체제의 사상과 정책을 효과적으로 이해할 수 있도록 설득하고 선동하는 역할을 하는 사람입니다.

저는 공산주의 이상 중 하나인 '고기 생산'에 이바지하겠다는 일념으로 정말 미친 듯이 일했던 것 같습니다. 그때 관리소에서는 고기 생산을 늘리라며 처음으로 거위알을 목장으로 보냈습니다. 우리는 부화기(알 깨우는 기계)를 설치했고, 그 부화기는 24시간 내내 사람이 붙어서 '수동으로' 관리해야 했습니다. 나무로 만들어진 부화기를 위해 화구에 불을 때서 물을 데우고, 관을 통해 흐르는 물의 온도로 나무 박스 안의 알들을 21일 동안 따뜻하게 지켜야 했습니다. 계란판처럼 된 나무판에 거위알들을 가지런히 올려놓고 정기적으로 돌려주며, 습도를 유지하려고 가끔 물을 뿌려주는 일까지, 모든 것을 사람 손으로 해야 했습니다.

저는 기술적인 지식에 갈증이 커서, 학성동에 있는 농업전문학교 교장을 직접 찾아가 통신으로 공부할 수 있게 조치를 취하고, 1월 한 달간 축산과 전공 과목을 열심히 공부했습니다. 졸업할 때까지 계속 다녔다면 아마 수의사가 됐을 겁니다. 제가 북에서부터 공부와 실전을 병행했고 여기 와서도 여전히 공부와 실전을 함께 하고 있는 걸 보면, 공부와 실전은 타고난 저의 숙명인 것 같습니다.

21일 만에 부화기에서 거위가 태어나던 어느 날 새벽은 정말 잊을 수 없습니다. 12시간씩 2교대로 전담했는데, 저는 가장 어려운 시간대인 저녁 6시부터 새벽 6시까지 담당이어서 뜬눈으로 밤을 지새우며 알들을 돌봤습니다. 정전이 잦은 북한이기에 항상 등잔을 켜고서 온도가 내려가지 않도록 밤새 살펴야 했고, 혹여 내가 잠이 들어 불이 꺼지면 알이 상할까 싶어 노심초사하며 정성을 다했습니다.

알 속의 작은 씨눈이 핏줄을 타고 퍼져가며 점점 생명체로 변해가는 모습은 말로 표현할 수 없는 감동을 주었습니다. 그리고 21일째 되던 날, 알 속에서 부리로 톡톡 테두리를 둥글게 깨고 세상 밖으로 나오던 거위 새끼들의 모습은 신기함 그 자체였습니다. 이후 수많은 거위를 생산했고, 전염병이 돌 때는 거위를 안고서 수십 리 밤길을 걸어 수의사를 찾아가 살려달라고 애원하기도 했습니다. 그런 다음 동이 트는 새벽에 다시 목장으로 돌아오기도 했지요. 대략 6개월간은 하루 두 시간밖에 자지 못해도 지치지 않을 만큼 열심히 살았습니다. 훗날 예수님을 만난 다음, 문득 이런 깨달음의 감동이 있었습니다.

"어떻게 북에서부터 예수님은 내게 목자의 마음을 공감할 수 있도록, 목동의 삶까지 경험하게 하셨을까?"

목장에서는 염소도 키웠는데, 가끔 염소들을 몰고 산과 들을 다니며 방목을 했었거든요. 가끔 무리에서 이탈해 딴짓하는 녀석들이 있었습니다. 멀리서도 "어딜 가? 돌아와!"라고 소리를 지르면 신기하게도 그 말을 알아듣는 것처럼 다시 무리로 돌아오곤 했습니다. 실제로 잃어버린 염소를 찾아 밤늦게까지 산을 헤매던 적도 있었고요. 잃어버린 한 마리의 양을 애타게 찾으시는 예수님의 마음이 어떤 것인지, 미리 간접적으로 경험한 셈입니다.

목장은 단순히 가축만 키우는 곳이 아니었기에, 봄철이면 강냉이 파종부터 김매기, 풀베기, 사료 준비까지, 정말 몸이 으스러지도록 일했습니다. 겨울에는 허리까지 쌓인 눈밭을 헤치며 산으로 들어가, 가축들이 먹을 사료를 준비하기 위해 옥수수밭에 쓸 거름을 만든다고 곡괭이로 부식토를 캐오기도 했습니다.

그러나 이 열심도 결국 '고난의 행군' 앞에서 막을 내리게 됩니다. (이 표현은 사실 일제 치하 김일성의 항일무장투쟁을 교육할 때 쓰던 용어인데, 1997년부터의 경제난 위기를 그에 빗대어 쓰게 되었습니다.) 철저한 배급 시스템으로 운영되던 북한 체제는 김일성 주석 사망 이후 급격히 붕괴되었습니다. 목장의 청년들도 식량 부족으로 한두 명씩 병에 걸려서 나갔습니다. 결국 마지막에 저와 다른 한 사람을 포함해 단 두 명만 남게 되었습니다. 시내에서는 굶어 죽는 사람들이 속출했고, 저희 집에선 어머니와 동생도 목장에 있는 저를 찾아와 울 정도였지요. 관리소는 더 이상 식량 공급을 해줄 수 없으니 집에서 해결하라고 했지만, 그건 불가능했습니다. 김책시에 소문이 날 정도의 충성심을 보여 이곳에 들어왔고 충성심으로 버티던 저였지만, 식량난 앞에서는 어쩔 도리가 없었습니다. 1996년 8월, 회사의 권고로 결국 그 일을 그만두었습니다.

"네 입은 네가 해결하라"

오랜만에 내려온 도시의 풍경은 그야말로 아수라장이었습니다. 모두가 먹고살기 위해 뛰어다니는데, 전쟁터 같았습니다. 제 마음 한켠에는 여전히 '충성심'이 남아 있었지만, 배고픔 앞에선 그걸 발휘할 수 없다는 현실을 체험하면서 씁쓸함만 깊어졌습니다. 충성심을 품고서 전력질주해오던 저는, 결국 인간의 가장 본능적인 '굶주림' 앞에서 멈춰 서게 되었습니다. 이후 어떤 새로운 세상이 저의 앞에 펼쳐질지 예상도 하지 못한 채, 하루하루를 살아가게 되었습니다.

부모님 곁으로 돌아온 제가 목격한 김책시의 사람들은 모두 먹고살기 위해 발버둥치고 있었습니다. 우리 집도 예외는 아니었습니다. 아버지는 "네 입은 네가 해결하라"며 동생들 챙기기도 벅차하셨습니다. 그 말씀이 서운했지만, 맏이인 저까지 부모님의 짐이 될 수는 없었습니다. 어떻게 한 끼 식량이라도 해결해야 하나 싶어 밖으로 나가 다른 사람들의 삶을 보았습니다. 예전에는 가끔 열리던 장마당이 그때엔 정해진 장소를 넘어 거리 어디든 펼쳐졌습니다. 누군가 대야 하나에 먹거리를 들고 나와 앉으면, 그 옆으로 줄줄이 사람들이 모여 물건을 팔았습니다. 그때 저는 젊은 여성들이 장마당에 나오는 모습을 처음 보고서 깜짝 놀랐습니다. 원래 장마당은 주로 나이 많은 할머니들이나 나오시던 곳이었고, 텃밭의 작물들을 파는 정도의 작은 규모였거든요. 하지만 그 정도 일은 오래가지 않아 놀랄 일도 아니게 되었습니다.

우리 집은 기차역 가까이에 있어서, 친척이나 지인들이 여행 도중 잠시 들렀다 가는 정거장 같은 곳이었습니다. 북한의 기차는 연착이 잦아 역 앞에 집이 있다는 건 큰 장점이었지요. 어느 날 사촌 언니와 형부가 장사하러 간다며 집에 들렀는데, 저는 깜짝 놀랐습니다. 당원이자 엘리트였던 두 사람이 천에 곱게 싼 구리(동) 뭉치를 탄피처럼 몸에 감고 있다가 풀어놓는 것이었습니다. 저는 언니에게 "언니, 당원 맞아? 어떻게 이렇게 나라를 팔아먹을 수 있어요?" 하고 따졌습니다. 그랬더니 언니는 어이없다는 듯, "당원은 무슨 말라비틀어진 당원이야? 오늘 죽느냐 사느냐 하는 판인데, 너 목장에만 있더니 아직 세상 물정을 모르는구나. 좀만 더 있어봐라" 하고 핀잔을 주었습니다. 그 말을 들은 저는 기가 막혔습니다. 공장에서 부속품을 떼어내 팔면 결국 공장이 멈추고, 그건 나라를 파는 일이라고 생각할 수밖에 없었거든요. 학교 동기가 찾아와 "네 집에 구리 팔 것 없냐?" 하고 물었을 때도 저는 "굶어 죽으면 죽었지, 나라를 팔아먹다니! 당장 나가라! 다시 오면 가만두지 않겠다!"라고 으름장을 놓아 쫓아냈습니다. 지금 돌이켜보면 한심할 만큼 순수했던 저도 결국 언니와 함께 발바닥에 구리 1킬로그램을 깔고서 량강도 혜산으로 장사하러 출발하게 됩니다.

그 당시 금속 장사는 가장 큰 이익을 남긴다고 소문이 나 있었습니다. 먹거리를 팔아서는 하루 종일 뛰어봐야 국수 한 사리도 사기 힘들었지만, 금속은 달랐습니다. 예를 들어 우리 동네에서 구리 1킬로그램이 60원이면 혜산에선 300원에 팔렸습니다. 다섯 배 이상의 차익을 남기는 겁니다. 그 돈으로 중국 공산품을 들여와 도매로 넘기면 더 큰 이익을 남길 수 있었습니다. 그렇게 해서 저는 태어나서 처음으로 다른 나라가 눈앞에 보이는, 조중 접경지역인 혜산시에 가게 되었습니다. 20년 동안 우물 안 개구리처럼 살아온 저는 김책과 함흥, 그리고 강원도 밖의 세계를 처음으로 보게 되었습니다.

스물한 살에 처음 본 색다른 세상

사촌언니를 따라 처음 량강도 혜산시로 금속 장사를 떠난 건 1996년 9월로 기억됩니다. 콩나물시루처럼 빽빽이 들어찬 기차 안의 괴로움도 잊은 채, 신발 깔창에 깔고 간 구리 1킬로그램이 실제로 비싼 값에 팔리는 체험은 꽤나 달콤했습니다.

김책시의 장마당과 완전히 다른 혜산시의 장마당은 그야말로 이색적이었습니다. 북한에서는 중국이나 일본에 친척을 둔 사람들까지 화교(중국인)나 재포(재일동포)로 불렸는데(실제로는 북한 주민이지만), 그들은 일반 주민들과 좀 달라 보였습니다. 그들 곁에 가면 북한 주민들에게 없는 향기가 났고, 옷차림도 헤어스타일도 달랐습니다. 그들이 중국이나 일본의 친척들에게서 도움을 받는다는 걸 알았기 때문에 처음엔 그러려니 했습니다. 그런데 혜산 장마당에서 본 중국 사람들은 또 달랐습니다. 무릎까지 오는 부츠에 가죽 재킷 차림이거나, 긴 생머리에 귀걸이를 하고, 피부는 하얗기까지 해서 귀족 같다는 느낌이 들었습니다.

강 건너 중국 장백현은 정말 별천지 같은 세상이었습니다. 강 하나 사이를 두고 이렇게 다를 수 있다니! 고향에서는 몇 년에 한 번이나 볼까 말까 한 승용차가 여러 대 돌아다니고, 밤이면 환하게 불이 켜져 있는 모습이 그저 신기할 따름이었습니다. 그렇게 신기한 강 건너 세상을 바라 보며, 저는 혜산에서 수많은 '찌라시'(거짓 정보)들을 접하게 되었습니다.

"중국으로 가서 주방일 같은 걸 한 달만 해도 1년 먹고 살 수 있는 돈을 벌어온다더라."

"중국은 3년 먹고도 남을 대풍이 들었다더라."

이런 이야기들은 부러움과 유혹을 안겨주기에 충분했습니다. 이후 저는 혼자서 혹은 어떤 팀에 합류해서 여러 차례 혜산으로 장사를 다니게 되었습니다. 그러다가 탈북의 길로 이어진 마지막 혜산행은 1996년 12월 말에 한 일이었습니다. '이번만 성공적으로 잘 다녀오면 맏이로서 부모님께 숨 돌릴 여유를 드릴 수 있겠다' 싶었습니다.

그런데 혜산 전 역인 위연역을 나가면서 그만 단속에 걸리고 말았습니다. 짐을 갖고 들어가면 전부 회수당할 것이 뻔했습니다. 김책에서부터 함께 이야기를 나누며 갔던 군관(한국의 장교) 아저씨에게 신신당부하며 잠시 짐을 맡겼습니다. 조사받고 나와보니, 역시나 그 아저씨는 증발하고 없었습니다. 고양이에게 생선을 맡긴 셈이었습니다. 졸지에 장사밑천이 다 없어져 버린 겁니다. 그때도 발바닥에 깔고 간 구리 1킬로그램은 살렸지만, 하늘이 무너지는 듯한 심정은 지금도 잊을 수 없습니다. 결국 한 달간 혜산에서 꽃제비 신세가 되어 방황해야 했습니다. 어떻게든 만회해보려고 기회를 엿보았지만 어려움만 겹쳤습니다. '집으로 돌아가야겠다'라는 생각만 들었습니다.

혜산역까지 걸어가는 동안 너무 힘이 없다 보니 주저앉았다 일어나기를 몇 번이고 반복했습니다. 그때 처음으로 '이러다 죽을 수도 있겠구나'라는 생각이 들었습니다. 힘이 없어 주저앉을 때는 종잇장처럼 가볍게 앉게 되는데, 일어날 때는 앞이 깜깜해지면서 세상이 조용하고 하얘지는 경험을 했으니까요. 꼬박 닷새를 굶었던 것 같습니다. 혜산 기차역까지는 겨우 걸어갔지만, 역시나 미정인 기차 시간은 맥이 빠지게 했습니다.

역 앞 상점 모퉁이에 서서, 눈을 감고 햇볕을 쬐고 있었습니다. 누군가가 저를 바라본다는 느낌이 들었습니다. 속으로 '왜 이렇게 빤히 보는 거야?'라고 중얼거리며 눈을 떴는데, 언제 다가왔는지 어떤 아주머니가 제 앞에 서서 지켜보고 있었습니다. 눈이 마주치자, 바로 가까이 다가오더니 제 귀에 대고 이렇게 속삭였습니다.

"중국에 가지 않겠소? 가면 호구(호적)도 만들어주고, 양딸로 들어갈 수 있소."

순간, 귀가 번쩍 뜨였습니다. 사실 한 달간 혜산에서 방황하며 중국으로 가서 돈을 벌고 싶어 알아봤지만, 친인척 하나 없는 땅에서 그런 기회를 찾기란 하늘의 별 따기였습니다. 그런데 집으로 돌아가려던 그 순간에, 그것도 왠지 믿음이 가는 아주머니가 그런 말을 하니 마음이 요동쳤습니다. 약속을 잡고, 다음 날 아침 기차역에서 다시 만나기로 했습니다. 숙소로 들어오는데, 가슴이 뛰었습니다. 하지만 다음날, 저는 약속 장소로 나가지 않았습니다. 왜냐하면, 중국에 대한 소문 중에 좋은 것만 있는 것이 아니었기 때문입니다.

"남조선에서 들어온 안기부 요원들이 많은데, 잡히면 나체사진을 찍어 거꾸로 조선으로 보낸다."

"중국 이불감 천이 색이 빠지지 않는 이유는, 우리 같은 사람들을 잡아서 돼지처럼 먹이고 살찌워서, 피를 뽑아서 물감에 섞기 때문이다."

이런 끔찍한 '찌라시'들이 귀에 맴돌았던 것입니다. '나 하나 잘못되는 건 그렇다 쳐도, 가족까지 위험하게 만들 수는 없다'라는 생각이 들었습니다. 결국 약속 시간에 나가지 않고 하루 지난 다음 날 기차역에 나갔는데, 운명의 장난일까요? 제 고향 후배와 마주 서서 이야기하는 그 아주머니를 또 목격하게 되었습니다. 아주머니는 반색하며 "왜 어제 안 나왔냐? 꼼짝 말고 여기 있으라"고 하더니 급히 어디론가 가셨습니다. 저는 고향 후배에게 어찌 된 일인지 물었습니다. 역시나 같은 제안을 받았다는 후배는 이렇게 말했습니다.

"언니, 이래도 죽고 저래도 죽을 바에는 건너가서 이팝(흰쌀밥)이라도 실컷 먹어보고 죽기요. 같이 가기요."

다 떠나서, 저는 같이 갈 동지가 생겼다는 것만으로도 마음이 움직였습니다. 마음을 다잡고 숙소로 돌아가 부모님께 보낼 편지를 쓰고, 그걸 마침 기차역에서 만난 학교 동기에게 신신당부하며 맡겼습니다. 내 생애에 어떤 일이 펼쳐질지, 전혀 감도 잡지 못한 채 말입니다.

아주머니를 따라 증기기관차를 타고 몇 시간을 이동해 아주머니의 집에 도착했습니다. 입고 있던 옷을 모두 벗어놓고 아주 낡은 옷으로 갈아입었습니다. 건너가면 어차피 좋은 옷들을 준다고 하더군요. 잠시 쉬었다가, 우리는 깊은 밤에 꽁꽁 얼어붙은 압록강을 건너기 시작했습니다. 때는 1997년 2월 음력 설이었습니다. 저와 고향 후배, 그리고 함흥 출신의 언니까지 세 명이 아주머니를 따라 무사히 강을 건너 산길을 따라 한참을 걸었습니다. 그리고 중국 장백현 팔도구의 한 조선족 집에 안전하게 도착했습니다. 강을 건너던 때의 가슴 터질 듯한 긴장감과 아슬아슬했던 순간들은 지금도 잊을 수 없습니다.

어떻게 이 귀한 쌀밥을 돼지에게 먹이는가?

무사히 조선족 집에 들어가 숨을 돌리고 있는데, 주인집 아저씨와 우리를 데리고 간 아주머니가 다른 방에서 얘기를 나누는 것 같았습니다. 언성이 좀 높아지는 것 같아서 들어보니, 한 명만 부탁했는데 세 명이나 데리고 왔다고 아저씨가 난감해하셨습니다. 우리는 모른 척하고 차려진 밥상 앞에 앉았는데, 정말 얼마 만에 보는 푸짐한 하얀 쌀밥인지 신기할 정도였습니다. 마침 음력 설이기도 해서 반찬 가짓수도 더 만들었다고 하더군요. 그야말로 진수성찬이었습니다. 얼마나 많이 먹었는지 기억조차 나지 않을 만큼 정신없이 먹었습니다.

그런데 밥상에서 신기한 풍경이 벌어졌습니다. 그 집에는 어린 아이가 둘 있었는데, 작은 밥그릇에 담은 밥을 반도 안 먹고 남기는 겁니다. 뒤이어 우리는 설거지를 하려고 부엌으로 나갔는데, 집주인 아주머니는 우리에게 그 남은 밥을 돼지 사료를 끓이는 가마에 넣으라고 하더군요. 저는 속으로 깜짝 놀랐습니다. '어떻게 이 귀한 하얀 쌀밥을 돼지한테 먹일 수 있지?' 결국 설거지를 하던 저는 고향 후배와 함께 아이들이 남긴 밥까지 다 먹어 치우고 말았습니다.

식사와 반주를 곁들인 아저씨가 식사를 마치고 나서, 담배를 피우며 우리를 한번 쳐다보더니 한숨을 길게 내쉬었습니다. 그러더니 갑자기 욕을 퍼붓기 시작했습니다.

"김정일 그 개XX, 죽어야 한다! 인민들을 다 굶겨 죽이고!"

저는 반사적으로 총알처럼 이 한마디를 내뱉고 말았습니다.

"아니, 아저씨! 아무리 그래도 남의 나라 장군님을 그렇게 욕하면 어떡합니까? 우리 장군님을 왜 욕합니까?"

아저씨가 놀라서 저를 돌아보더니 "야! 그럼, 배고픈 거 누구 때문인데?"라고 제게 되물었습니다. 저는 또, "그거야, 미국놈들 때문이죠! 그놈들이 우리나라를 반으로 갈라놓고, 통일이 안 되니까 이렇게 힘들게 사는 거죠!" 하고 반사적으로 대답했습니다.

그러자 아저씨는 화를 내며, "야! 그럼 너, 당장 지금 다시 건너가! 여긴 왜 왔어?"라고 으름장을 놓더군요. 거기서 저는 더 이상 이야기를 이어갈 수 없었습니다. 다시 건너갈 수는 없는 노릇이니까요. 하지만 태어나서부터 "우리 장군님, 우리 장군님" 하고 살았는데, 그렇게 욕하는 사람은 처음 봤습니다. 그때 그 말을 듣고서 놀랐던 감정을 지금도 지울 수 없습니다. 그러니 본능적으로 반응할 수밖에 없었던 겁니다.

결국 그 집에서 우리는 각자의 길로 흩어지게 되었습니다. 함흥 출신의 언니는 러시아어를 잘해서 그쪽과 가까운 곳으로 시집가겠다고 먼저 떠났습니다. 남은 고향 후배와 저는 하루 이틀 뒤 친척의 안내로 장백현으로 나가 옷을 갈아입고, 나름 머리도 손질했습니다. 그리고 두 명의 아저씨와 함께 택시를 타고 통화시를 거쳐, 기차를 타고 대련시까지 들어가게 되었습니다. 그때 그 분들이 저희에게 갈아입으라고 주셨던 옷들은 누군가가 입던 옷들이었는데, 저는 태어나서 그런 이색적인 옷을 처음 봤기 때문에 마냥 좋았습니다. 훗날 알고 보니, 그냥 입으라고 해도 안 입을 만큼 아주 낡고 허름한 중국의 옷들이었더군요.

하여튼 그렇게 차려입고 일사천리로 장백에서 대련까지 가는 과정에서, 아찔하고 웃기기도 하고 슬프기도 한, 이른바 '웃픈' 에피소드들이 있었습니다. 기차에서 공안(경찰)을 마주할 일이 있으면 아저씨들이 시킨 대로 눈을 감고 자는 척을 해야 했습니다. 위험을 모면할 수 있는 최선의 방법이었습니다. 기차에서 바나나를 사주셨는데, 먹을 줄 몰라 껍질째 먹으려는 저를 보고 놀라 껍질을 벗겨주시며, 빙그레 웃던 조선족 아저씨의 미소도 잊을 수 없습니다.

무사히 대련에 도착한 뒤, 놀라운 소식을 들었습니다. 우리가 지나온 그 길에서, 바로 다음 날부터 김정일 생일(2월 16일)을 앞두고 단속이 강화됐다는 것이었습니다. 아저씨가 우리에게 "복이 많다, 타이밍이 정말 좋았다"라고 말씀해주셔서 얼마나 안도했는지 모릅니다.

환상이 하나둘씩 깨지다

공교롭게도 김정일의 생일은 제 생일과 같은 날이라, 저는 중국 대련에서 제 인생의 스물두 번째 생일을 맞게 되었습니다. 외국에서의 첫 번째 생일을 맞이한 셈이었죠. 그렇게 대련에서 새로운 세상을 경험하며 살던 어느 날, 문득 깨달아지는 뭔가가 있었습니다. 북에서 그토록 이루고 싶어했던 '공산주의 이상'이 중국에서는 너무나 쉽게 이루어지고 있다는 사실을 말입니다. 쌀밥에 고깃국을 배

불리 먹는 것이 핵심이었는데, 중국에서는 그게 일상이었던 겁니다. 그 사실을 깨닫는 순간 밀려왔던 허탈감은 제 인생에 몇 안 되는 '찐한' 기억 중의 하나로 남아 있습니다. 심지어 시간이 지날수록 국에 들어간 고기를 빼놓는 저를 발견하고 놀라기도 했습니다.

북에서 품었던 신념이 하루아침에 다 깨진 것은 물론 아닙니다. 하지만 시간이 흐르고 한국 사람들을 만나면서 남한이 6 · 25전쟁을 일으켰다는 이야기가 거짓인 걸 알게 되었고, 숭배해온 김씨 가문에 대한 환상들이 점차 자연스럽게 깨지기 시작했습니다. 그렇게 된 경계가 정확히 언제였는지는 기억나지 않지만, 제 안의 변화는 조금씩, 그러나 분명히 일어나고 있었습니다.

6장

상갓집 개만도 못한 설움

중국에서의 파란만장

1997년 2월, 제가 정착한 곳은 료녕성 대련시, 대항호텔 1층에 있는 한국제품 전문 도매상가였습니다. 죽어도 시집은 가지 않겠노라고, 화장실 청소를 해도 좋으니 일자리를 소개해달라고 브로커에게 부탁했습니다. 그렇게 해서 수소문 끝에 어렵게 잡은 일자리가 한국제 면내복을 전문 도매하는 흑룡강성 출신의 재중동포 사장님의 가게였습니다.

저 외에는 사장님까지, 가게에서 일하는 네 명 모두 재중동포였는데, 당시 호텔 1층은 전부 한국제 제품으로 가득했습니다. 제가 중국에 건너온 지 열흘도 안 되어 중국 문화를 접하기보다 한국 문화를 더 빨리 접한 셈입니다. 당시 부둣가에 있던 이 호텔의 1층은 한국에서 배가 들어오는 날이면 전국에서 몰려든 도매상들로 북적였습니다. 소위 '보따리 장사'를 하러 한국에서 들어온 분들도 만만찮게 많았던 시기였습니다. 저는 가게 바로 앞 복도에 내놓은 옷들을 지키면서, 누군가 가격을 물어보면 가격만 이야기하고, 흥정하려는 듯 더 물어보면 바로 다른 직원들에게 연결하곤 했습니다. 중국말을 몰랐기 때문입니다.

저의 유일한 낙은 하루에 몇 번씩 '1층 투어'를 하는 것이었습니다. 장백현에서 대련으로 오는 과정에서 목격했던 중국의 도시와 사람들을 보고서 놀란 것도 분명히 있습니다. 그러나 백 퍼센트 한국제 물품으로 채워진 호텔 1층에는 그야말로 세상에 태어나서 처음 보는 신기하고 예쁘고 멋진 것들이 너무나 많았습니다.

처음 보는 속옷과 잠옷은 선녀가 입고서 날아갈 것처럼 황홀해서 눈을 뗄 수 없게 했습니다. 액세서리 종류는 또 왜 그렇게 많은지, 다양한 의류들과 이불, 신발, 그야말로 행복한 아이쇼핑이었으니 가장 즐거운 일이었습니다. 한 달 월급으로 300원을 받았는데, 결국 280원인가를 써서 신발 하나를 살 정도로 '뽕' 갔습니다. 제가 한 달 월급을 쏟을 만큼 예뻐 보였던 구두는 훗날 알고 보니 '페라가모' 디자인을 본뜬 것이었습니다. 한국 식품은 또 어땠을까요? 뒤늦게 맛들인 신라면은 훗날 북송되어 북한 감옥에 있을 때에도 생각이 날 만큼 최고였습니다. 이렇게 해서 중국에서 제가 처음 시작한 일이 한국산 면내복 판매원이었고, 저는 위성TV로 중계되는 한국 드라마와 영화를 보면서 중국 생활을 시작했습니다. 훗날 한국에 와서 누구보다 적응을 잘하고 빨랐던 이유가 이때 받은 영향이 컸던 것이 아닐까 싶습니다. 22살에 한국 문화를 처음 접하고 27살에 한국에 왔으니, 그럴 만도 했을 것입니다.

나라 없는 백성의 설움

중국에서 살았을 때 수없이 겪은 어려운 일 가운데 한 가지 일화는 잊을 수 없습니다. 1998년 여름이었던 걸로 기억됩니다. 어느 날 아침, 사우나를 다녀오던 길에 제가 살던 아파트 입구에서 군복을 입은 남자들에게 납치되었습니다. 그때는 공안(경찰)과 군인의 옷을 구별할 줄 몰라서 당연히 공안인 줄 알았고, 납치되었을 때의 공포와 두려움은 말로 표현할 수 없었습니다.

택시가 대기상태에 있었는데, 두 남자가 저를 납치해 뒷자석에 앉히더니 제 양 옆으로 앉았습니다. 저를 팔로 제압하여 엎드리게 하고 어떤 겉옷으로 머리를 덮어버렸는데, 아마도 자기들의 아지트를 노출시키지 않으려고 그랬던 것 같습니다. 어디론가 이동하는데, 한 명은 중국어를 하고 한 명은 조선말을 하면서, 자기들의 말을 잘 들으면 풀려날 수도 있으니 일단 하라는 대로만 하라고 윽

박질렀습니다.

공포 가운데 도착한 곳은 어떤 아파트였습니다. 그것만으로도 공안이 아니고 가짜임을 알았어야 했는데, 당시에는 너무 무섭다 보니 그런 생각을 할 수도 없었습니다. 끌려간 곳에서 손목에 수갑을 채우고 총도 꺼내 놓는 모습을 보고서, 저는 그들이 정말 공안이라고 생각했습니다. 중국에 정착한 지 1년 정도일 때라 다 알아들을 수는 없었지만, 그들이 주고받는 이야기와 하는 행동을 보고서, 저의 탈북 신분을 알고 협박하여 돈을 뜯어내려는 것임을 어렴풋이 알 수 있었습니다. 제가 돈이 있으면 얼마나 있었겠습니까?

훗날 알게 되었지만, 저에게 두 번인가 사귀자고 했던 재중동포 조폭이 있었는데, 그것을 거절한 것에 앙심을 품고 벌인 일이었습니다. 그들에게 잡혔을 때 당한 수모와 멸시를 어떻게 잊을 수 있겠습니까?!

당시 저는 북송되면 죽는 것은 물론 가족들이 위험을 당할 거라는 생각에, 차라리 여기서 죽으면 어떨까 싶은 마음이 들었습니다. 그래서 제가 앉아있는 바로 뒤의 창문 아래를 내려다보며, 창문을 열 수 없을지 살피기도 했습니다. 꽤 고층이었는데, 여기서 투신하면 나는 죽지만, 우리 가족은 나로 인해 피해는 보지 않을 것이라는 생각에 눈물만 하염없이 쏟아지기도 했습니다.

그때 저를 회유하던 한 남성이 했던 말을 평생 잊을 수 없습니다.

"왜, 죽으려고? 너를 여기서 죽여서 하수구에 매장한들 너를 찾는 사람이 어디 있겠느냐? 아무도 없지 않느냐?"

그때 제가 느낀 감정은 '나라 없는 설움'이었습니다. "나라 없는 백성은 상갓집 개만도 못하다"라는 말이 떠올라 정말 슬펐습니다. 이건 일제강점기에 우리 선조들이 했던 말이라고 하는데, 제가 북에서 왔다는 것을 악용하여, 여리고 약한 여자에게 그런 말을 하는 그들을 용서할 수 없었습니다. 그들을 찾아 복수하려는 것이 훗날 2차 탈북의 동기가 되기도 했습니다. 하지만 지금까지 인생을 살면서 느끼는 것은, 하나님은 늘 절체절명의 순간에 '천사'를 보내신다는 것입니다. 전혀 예상하지 못한 천사 같은 분이 나타나 저를 구해주셔서, 저는 기적같이 풀려나게 되었습니다.

북송과 감옥 살이

중국에서 약 3년을 지내면서도 중국어를 빨리 배울 수 없는 환경에 있다 보니, 중국어를 공부해야겠다는 마음을 먹고 중국어학원에 등록했습니다. 중국어학원은 당연히 한국 사람들이 전부였고, 중국 사람이 다닐 일은 없었습니다. 그렇게 공부를 시작한 지 얼마 안 되는 2000년 3월, 중국어학원에 공안이 들이닥쳤습니다.

당시 저는 진짜 중국인의 신분증을 가지고 있었습니다. 이걸 말로는 '진짜 신분증'이라고 불렀지만, 사실은 누군가의 신분증을 도용해서 그 사람인 것처럼 사칭하는 것을 말합니다. 중국에서 가짜 신분증은 당연히 비행기를 탈 수 없지만, 진짜 신분증은 실제로 존재하는 인물의 정보가 담긴 것이므로 어디를 가도 안전을 보장하는 것이었습니다. 단, 정말 그 사람인 것처럼 신분증의 신상 명세를 외우고 있어야 했습니다. 그래서 평소에 그 신분증의 내용을 달달 외우고 다니던 저는 공안에 잡혀서도 곧잘 대답하곤 했습니다.

그런데, 중국어학원에 왔던 공안은 전혀 예상하지 못한 질문을 했습니다. 형제는 어떻게 되며 다닌 학교 이름은 무엇이냐고 묻는데, 저는 그런 것까지 대비하지 못했던 것입니다. 뒤늦게야 이들이 제가 탈북 출신인 걸 알고 잡으러 왔다는 것을 눈치챌 수 있었습니다. 결국 털어놓을 수밖에 없었습니다. 그때 저는 '아무리 진짜 신분증이 있어도 역시 중국은 내가 안전하게 살 수 있는 내 조국이 아니로구나'라는 것을 뼈저리게 가슴에 새기게 되었습니다. 이때 가슴에 새겨진 깨달음 때문에, 다시 탈북한다면 무조건 한국으로 가야 한다고 생각하게 되었습니다.

꼼짝없이 공안에 잡힌 저는 대련 감옥에 40일간 구류되었다가, 바로 단동의 대교를 통해 북송되었습니다. 결과적으론 꿈에도 가고 싶었던 조국 땅을 다시 밟게 된 것이지요. 그때가 2000년 4월 말이었습니다. 신의주 감옥에서 약 3개월간 머물렀다가, 7월 초에 풀려났습니다. 그 3개월 안 되는 기간에 겪었던 고초는 말로 표현할 수 없습니다. 동물에게 주는 사료나 다름없는 썩은 옥수수 조금과 짜게 절인 무잎 몇 조각이 감옥에서 주는 식사의 전부였습니다.

무엇보다 고통스러웠던 것은 감옥에 바글거리는 벼룩이었습니다. 처음 며칠은 벼룩이 온몸에 달라붙어 피부를 쪼아대 잠을 잘 수 없었습니다. 그야말로 생고문이 따로 없었습니다. 그마저도 몸이 피곤하고 힘드니 내성이 생기더군요. 밤이 되면 저절로 잠이 들고, 아침이면 또 일하러 나가기를 반복했습니다. 그곳에 있는 동안 체중이 줄어든 것은 물론이고, 여성들은 생리가 끊기고, 임신한 채로 온 여인들은 강제 낙태를 당하기도 했습니다. 정말 아프고 아픈, 탈북 여성들의 비애의 역사입니다.

감옥에서 신기한 일이 하나 있었습니다. 미국 선교사들과 함께 찍은 사진이 성경책에 꽂힌 채 사로잡혀 감옥에 온 할머니 집사님이 한 분 계셨습니다. 연길교회에 다니셨다고 했는데, 우리는 그 할머니가 정치범 수용소로 끌려가거나 총살될 것이라고 생각했습니다. 그런데 그 할머니도 아무 일 없다는 듯이 우리와 함께 풀려났습니다.

당시 북에서는, "이번에 잡히는 사람들은 집 주소만 확인되면 모두 그대로 돌려보내라"는 김정일 위원장의 지시가 있었다고 합니다. 그래서인지 감옥에 들어왔다가 일주일만에 나가는 사람도 있고, 더러는 가족이 오거나 고향에서 경찰이 오면 바로 풀려나기도 했습니다. 심지어 이불과 옷을 가득 담은 캐리어를 가진 채 잡힌 사람도 있었는데, 교도소에서 나갈 때 그대로 돌려받기도 했습니다.

실은 그때가 한국의 김대중 대통령이 방북했던 시기였습니다.

2000년 6월 15일, 한국의 김대중 대통령이 평양에 온다는 소문이 감옥에 돌았습니다. 저는 속으로 '아, 이제 통일이 되는 건가?'라는 생각을 하기도 했습니다. 김대중 대통령은 북에서도 주민들에게 좋은 이미지로 많이 알려져 있었거든요. 그렇게 감옥에서 지내던 2000년 7월 어느 날, 저는 김책시에서 호송하러 온 두 명의 경찰과 함께 고향으로 돌아갔습니다.

후에 어머니를 통해 들은 이야기인데, 아버지와 어머니도 제가 감옥에 갇혔다는 소식은 들었지만 그 먼 곳까지 갈 여비가 없어서, 가고 싶어도 못 갔다며 가슴 아파하셨다고 합니다.

자본주의 나라처럼 변화되었어도

신의주를 떠나 김책시에 도착할 때까지, 복잡한 제 심정은 말로 표현할 수 없는 것이었습니다. '3년 만에 돌아가는 집인데, 다 살아는 계실까? 내가 이렇게 거지꼴을 해서 돌아가게 되다니, 이런 내 모습을 보면 부모님이 얼마나 마음 아파하실까?' 별의별 생각을 다 했습니다.

집에 도착하여 문고리를 잡을 때의 심정은 지금도 또렷합니다. 3년간 중국에서 살면서, 제발 가족이 다 살아 있기를 매일 간절히 기도했거든요. 문을 열고 들어가면 살아있는 가족을 모두 볼 수 있는 걸까, 그걸 확인하기 직전의 제 심장은 요동쳤습니다.

다행히 가족은 다 살아있었지만, 집은 그간의 어려움을 대변하듯 정말 최악의 상태였습니다. 중국에서 3년을 살다 간 제 눈으로 보기에는 당장 허물어버려도 아깝지 않을 것 같은 창고 수준이었습니다. 그렇게 돌아간 집에서 지낸 날이 약 8개월가량이었습니다. 저는 집안을 완전히 바꿔놓았습니다. 아버지와 엄마와 동생들의 옷부터 이불과 그릇, 심지어 벽의 도배까지 모두 바꿨습니다.

창고처럼 변한 집을 본 것보다 저를 더 놀라게 한 것은 3년 사이에 달라진 북한의 변화였습니다. 사회 시스템이 거의 자본주의화되어가고 있음을 확인한 것입니다. 공영상점이었던 곳은 장마당에 있어야 할 물건들로 가득 차 있었습니다. 원래 공영상점은 국산, 즉 북한 내에서 만들어진 것만 진열하고 공급하는 기능을 하는 곳이었거든요. 기이하여 물어보니, 능력만 된다면 세계 어떤 물건이든 갖고 와서 팔 수 있다는 것입니다. 다만 판매수익에서 몇 대 몇으로 국가와 이익을 나누는 구조가 됐다는 점장의 말을 듣고 감탄사가 절로 나왔습니다.

식당도, 공장도, 어디를 가도 능력껏 살아남아야 하고, 그 능력을 인정받으면 어떤 것도 허용되었습니다. 공장에 조금만 돈을 들여놓아도 출근한 것으로 인정받아서, 출근하는 대신 장사하러 다닐 수도 있었습니다. 정상적인 사회주의 시스템이 돌아가던 방식은 어디에서도 찾아보기 어려웠습니다. 물론 형식적인 것들은 남아 있어서 대놓고 자본주의 방식처럼 하지는 못했지만, 내부는 모두 그런 식으로 돌아가고 있었습니다. 저는 안도 아닌 안도를 하게 되었습니다.

저는 그렇게 변한 북한을 보며, 웬만하면 시집가서 장사하며 살아야겠다고 생각했습니다. 제가 없는 3년 동안, 어디 가서 죽은 줄 알고 내내 울며 사셨다고 하신 어머니의 고백을 듣고, 다시 탈북할 생각도 접었습니다. 그런데 돌아와 몇 달간 살아보니, 어려운 경제 사정 같은 여러 상황을 다 떠나서, 무엇을 하려고 해도 엉망인 교통 시스템 때문에 답답하기 그지없었습니다.

중국에서, 그것도 가장 빠른 속도로 발전하고 있던 대련시에서 살았던 제가 보기에, 북한 사회가 그 사이에 많이 변하긴 했습니다. 하지만 여전히 인프라 자체는 너무나 낙후돼 있었습니다. 언제 발전할지 알 수 없는 먼 미래를 생각하니, 저의 자녀 세대가 눈앞에 들어왔습니다. '결국 나의 다음세대를 살리려면 북에서 나가는 것이 맞다. 성공해서 돌아와 이 아이들을 살려야 한다'라는 생각이 어느 날 머릿속으로 훅 들어왔습니다. 저는 어머니에게 제 마음을 솔직히 이야기하고, 두 번째 탈북 길에 오르게 되었습니다.

7장

다시 못 볼,
별이 된 두 사람

별 세상으로 나를 불러내시다

첫 탈북 때, 량강도 혜산시에서 처음 보았던 중국은 제 인생의 첫 '별 세상'이었습니다. 거리마다 물건이 널려 있어도 훔쳐 가는 사람이 없고, 밤거리는 낮처럼 찬란하게 빛났습니다. 깊은 밤인데도 불빛이 넘쳐흘러, 밤인지 낮인지 구분이 되지 않을 정도였습니다. 그야말로 충격이었고, 저도 모르게 속에서 욕이 튀어나왔습니다.

장백에서 먼 길을 달려 대련시에 도착했을 때는 이미 밤이 내려앉아 있었습니다. 택시를 타고 숙소로 향하던 중 어느 공원 근처를 지날 때였습니다. 전봇대마다 수십 개의 전구가 빛나고, 그 아래에

선 할머니들이 음악에 맞춰 춤을 추고 있는 모습을 보게 되었습니다. 그 순간, 정전이 일상이고 깜깜한 밤이 당연했던 고향의 풍경이 떠오르며, 저도 모르게 이렇게 말했습니다.

"아니, 조중친선의 나라라며? 전기를 이렇게 낭비할 거면 조선이랑 좀 나눠서 쓰지! 그러니 떼놈 소리 듣지!"

거리에 달린 전구를 절반만 꺼도 되겠다는 생각이 직관적으로 들었고, 속이 부글부글했지요. 우물 안 개구리가 처음 세상 밖으로 나와 부딪힌 해프닝이자, 참 귀여운 첫 충격이었습니다. 지금 생각하면 참 우스운 이야기인데, 막 중국에 도착한 새내기 북녀의 첫 문화충격이었습니다.

자녀 세대의 미래가 보이지 않았던 북한의 현실과 낙후한 교통은 제게 두 번째 탈북을 결심하게 만든 큰 이유였습니다. 그래서 한국의 교통 인프라는 정말 감격 그 자체였습니다. 태국에서 "한국에 가면 지하철 안에서도 뛴다"라는 말을 들었는데, 무슨 말인지 이해하지 못했습니다. 그런데 한국에 와서 살면서 그 말의 뜻을 깨닫게 되었습니다. 조금이라도 빨리 가려고 지하철 안에서 앞칸으로 옮겨 다니는 저를 발견하고서 말입니다. 그때 혼자서 얼마나 웃었던지요. 제가 원하는 시간에 언제든 버스를 타고, 지하철을 타고, 필요하면 비행기까지 탈 수 있는 곳, 말 그대로 '별 세상'이었습니다.

그보다 더 놀라운 경험은, 바로 '나만의 차'를 갖게 된 일이었습니다. 북향민(北鄕民)들에게 '자기 차를 갖는 일'은 남녀 불문의 로 망입니다. 하나원을 나오자마자 대출을 받아서라도 차를 소유하고 싶어하는 사람들이 많지요. 그런 북향민들을 이해하지 못하는 남한 분들도 많으시더군요. 특히 북한 출신인데 외제차를 타면 더더욱 이해하지 못하고, 심지어 화를 내는 남한 분들을 보기도 했습니다. 더구나 북에서 '운전하는 여성'은 아주 특별한 존재였습니다. 특히 '길'이라는 북한 영화 속에서 김연실 역의 김정화는 여성 트럭 운전기사로 평생 도로를 누비며 일하는 인물인데, 어린 시절 그 모습이 참 인상 깊었습니다. 남성 중심의 직업이던 운전을 당당하게 해내는 모습은 제게 멋짐과 존경 그 자체였고, 그래서인지 저도 언젠가 운전하고 싶다는 막연한 꿈이 있었습니다. 그런데 저는 정말 감사하게도 2006년 8월, 지인이 타던 중고차를 선물해주어, 그때부터 지금까지 거의 매일 운전하면서 살고 있습니다. 지금도 차를 탈 때마다 '별 세상'에서 살고 있다는 실감이 납니다.

대학교 입학 후 과제를 제출할 때 사용한 '하얀 A4용지'는 북에서 말하던 고급 모조지였습니다. 게다가 그 고급 종이를 단면으로만 사용해도 된다는 사실이 한동안 적응되지 않을 정도였죠. 어느 것 하나 북한과 비교되지 않는 것들이 없고, 하나하나가 신기하고 감사한 '별 세상'의 경험들이었습니다. 그래서인지 몇몇 북향민 유튜버들이 대한민국에서 접한 모든 것을 북과 비교하며 '국뽕 콘텐츠'를 끊임없이 다루는 것도 이해가 됩니다. 너무나 다른 두 세상, 너무나 충격적인 현실, 차고 넘치는 '별 세상 이야기'들이 대한민국엔 정말 많으니까요.

그런 것들만으로도 감사한 일인데, 저는 분에 넘치게도 하나님의 은혜로 정말 많은 나라들을 다녀왔습니다. 그야말로 '별 세상 구경'을 마음껏 누린 셈입니다. 그 수많은 별 세상 중에서도 가장 잊지 못할 여정은 어머니와 함께했던 미국 방문이었습니다. 박사학위 졸업식에 어머니를 모시고 동행했던 일은 저의 다사다난했던 인생에서도 가장 잊을 수 없는 장면으로 남아 있습니다.

졸업식을 마친 후, "그래도 미국까지 왔는데 백악관은 봐야지!" 싶어 우버를 타고 백악관 근처로 향했습니다. 차가 백악관에 가까워지자, 저는 신이 나서 어머니께 말씀드렸습니다.

"어머니, 저기 보이세요? 저기가 바로 백악관이에요!"

그런데 전혀 예상치 못한 어머니의 대답이 돌아왔습니다.

"아, 저기가 그 미제승냥이 소굴이라는 거기니?"

순간 저는 머리를 한 대 맞은 듯 멍해졌습니다. 어머니의 말은 너무 자연스러웠고, 너무 익숙한 북한식 표현이었습니다. 북에서는 백악관을 그렇게 가르쳤으니까요. 저는 웃음을 터뜨렸고, 어머니도 따라 웃으셨습니다. 백악관 앞에서 둘이 배꼽 잡고 웃던 그 순간은 평생 잊을 수 없는 별 세상의 장면이 되었습니다.

미국뿐이 아닙니다. 제가 북한에서 굶어 죽었다면 결코 경험하지 못했을 세계 여행을, 저는 하나님의 은혜로 누렸습니다. 중국, 캐나다, 호주, 이스라엘, 뉴질랜드, 일본, 아르헨티나, 영국, 독일,

스웨덴, 스위스, 홍콩, 베트남, 태국, 하와이… 정말 많은 나라들을 다녔습니다. 물론 관광으로 다닌 것은 아닙니다. 모두 하나님의 부르심을 따라, 사역 때문에 다녀온 것입니다.

이 일이 제가 하나님을 만나지 않았다면 가능했을까요? 단연코 아니라고 말하고 싶습니다. 저 같은 사람이 스스로 돈을 벌어 이 많은 나라들을 여행하려면, 평생을 일만 해도 쉽지 않았을 것입니다. 그런데 하나님은 그 불가능한 일을 가능하게 하셨습니다. 왜냐하면 이 여정이 단순한 여행이 아니라, 세상의 다양한 민족과 문화 가운데 역사하시는, 특히 통일 한반도를 향하신 하나님의 마음을 제게 보여주시기 위한 과정이었기 때문입니다. 그렇게 하나님은 저를 불러내시고, 인도하시고, 세상의 별 세상을 통해 아버지의 사랑과 계획을 조금씩 보여주셨습니다.

별이 된 두 사람

저의 가족 가운데, 지금은 하늘의 별이 된 두 사람의 이야기를 빼놓을 수 없습니다. 바로 저의 아버지와 막냇동생입니다. 제가 다섯 살이 되던 해에 아버지는 러시아로 돈을 벌기 위해 떠나셨고, 제가 여덟 살 되던 해인 1983년에 돌아오셨습니다. 이후 1985년에 저의 남동생이 태어났고, 3년 터울인 1988년에 또 한 명의 남동생이 태어났습니다. 저와 아홉 살, 열두 살 차이가 나는 동생들이었기에,

저는 자연스럽게 어머니를 도와 동생들을 업어 키우곤 했습니다.

하지만 북에서 열일곱 살이면 성인이 되어 사회로 나가야 하는 입장이다 보니, 목장에 배치되어 집을 떠난 저는 어린 동생들과 함께한 시간이 많지 않았습니다. 그때가 1994년이었고, 바로 그 해 김일성이 사망한 이후, 북한은 급격한 경제 몰락과 함께 '고난의 행군' 시기로 접어들었습니다. 자연히 어린 두 동생은 부모님과 함께 극심한 식량난을 온몸으로 견뎌내야 했습니다.

가끔 어머니가 막냇동생과 함께, 혹은 바로 밑의 남동생과 함께 식량을 구하러 제가 있는 목장까지 올라오곤 했습니다. 저는 그렇게도 힘겨운 시기를 보내던 가운데 1997년에 처음으로 탈북하게 되었고, 2000년에 북송되어 고향으로 돌아와 그새 조금 성장한 동생들을 만날 수 있었습니다. 그런데 다시 1년도 안 되어 재탈북하게 되었으니, 동생들과 실제로 함께 한 시간은 10년에서 13년 정도가 고작이었습니다.

제가 막내와 얼굴을 마지막으로 마주했던 건 2006년 2월, 장백현과 혜산시가 마주하고 있는 압록강가에서였습니다. 그해에 막내는 19살이었고, 그날이 우리 사이의 마지막 만남이 될 줄은 몰랐습니다. 마지막 통화는 2013년 9월경이었습니다.

저는 2007년에 가족을 모두 구출하려 했지만 실패했고, 2011년에 어머니를 먼저 모셔온 후, 남은 동생들을 반드시 데려오겠다고 기도하며 기다렸습니다. 그러던 가운데 어렵게 막내와 연락이 닿

왔고, 어머니와 함께 통화도 했습니다. 그런데, "다음에 사람을 들여보내면 꼭 준비해서 나오라"는 제 당부에 막내는 선뜻 대답하지 못했습니다. 어머니를 통해 막내가 이미 결혼하여 아이 둘을 두고 있다는 소식을 듣고 있었기에, 쉬운 결정이 아니라는 건 알았습니다. 하지만 저는 포기할 수 없었습니다. 막내에게 "먼저 네가 나오고, 이후 가족을 데려오자"라고 설득했지만, 막내는 계속 말이 없었습니다. 그래서 저는 조금 단호하게 말했습니다.

"네가 누나 말 안 듣고 안 나오겠다고 하면, 더 이상 연락하지 말자."

그리고 마음이 복잡해진 채로 물었습니다.

"너는 엄마와 누나가 보고 싶지도 않니?"

그때 막내가 울면서 했던 말을 저는 평생 잊지 못할 것입니다.

"누나, 나도 너무 보고 싶어. 그런데 … 내가 가면 … 아버지는 누가 지켜요?"

저는 놀라지 않을 수 없었습니다. 이미 세상을 떠나 산소에 계신 아버지를 "내가 가면 누가 지키느냐"고 말하는 아들의 고백 앞에서, 저는 뭐라 말해야 할지 잠시 말을 잃었습니다. 한편으론 기가 막혔습니다. 그래서 저는 또 한마디 했습니다.

"아니, 아버지는 이미 돌아가셨는데 뭘 지킨다고 그러냐? 네가 여기 오면 아버지도 '잘했다' 하실 거야. 그러니까 그런 생각 하지 말고 꼭 와야 해."

정말 별의별 말로 동생을 설득하고 또 설득했습니다. 막내는 "무슨 말인지는 알겠다, 다음에 다시 연락하겠다"라고 말했고, 저는 그 말에 일말의 희망을 품고 다시 기도하며 기다렸습니다.

그러던 중 2014년 8월 초, '70일 세대별 회복기도회'가 한창 진행 중이던 어느 날, 북에서 한 통의 전화가 걸려 왔습니다. 동생이 사망했다는 소식이었습니다. 저는 정신을 차릴 수 없었습니다. 이후 입양됐다가 다시 찾았던 여동생 부부가 소식을 가지고 왔고, 그들을 한국으로 구출한 뒤에야 들은 막내의 죽음 이야기는 제 가슴을 찢고 또 찢었습니다. 그건 너무도 가혹한 이야기였습니다.

막내는 저와의 약속대로 연락을 취하려고 기차를 타고 혜산을 오던 도중, 정전으로 멈춰버린 어느 기차역에서 머물게 되었습니다. 그곳에서 괴한들을 만나 몰매를 맞아 숨졌다는 것입니다. 옷과 소지품을 빼앗기지 않으려 저항하다 결국 목숨을 잃었다는 겁니다. 막내는 그렇게 26살의 나이에, 엄마도 누나도 없는 북한에서, 누구도 지켜주지 못한 채 떠나갔습니다. 더 기가 막힌 것은, 그 사건이 발생한 시점이 바로 2014년 4월이었다는 사실이었습니다. 그때 저는 세월호 사건을 접했고, 팽목항으로 달려가 하나님의 말씀을 받고 '70일 세대별 회복기도회'를 시작하고 있었습니다. 대한민국의 모든 세대 가운데 하나님께서 원하시는 리더십이 세워지기를 소망하며, 기도회 투어로 전국을 돌고 있었던 겁니다. 그 와중에, 같은 달에 저의 막냇동생은 북녘에서 외롭게, 억울하게 맞아 죽고 있었습니다. 정작 제 막내는 그 시간에 그렇게 아버지 곁에서 마지막을 맞이했던 것입니다. 아니, 어쩌면 막내는 세월호 사건보다 이미 앞서 세상을 떠났는지도 모릅니다. 그 아픔은 지금도 제 가슴을 후벼팝니다.

아버지가 돌아가셨을 때, 저는 하나님께 "이러실 수는 없습니다"라고 가슴을 치며 항변했습니다. 그런데 '아버지를 지키겠다'던 막내는 끝내 아버지 곁을 떠나지 못했고, 결국 그 아버지 곁으로, 죽어서 함께 가버리고 말았습니다. "아버지를 지켜야 한다"고 말했던 막내는 지금 아버지 곁에서 함께 하늘의 별이 되어 이 땅의 이야기를, 이 책 속에 담기는 아픈 현실을 지켜보고 있을까요? 그토록 보고 싶었던 엄마도 누나도 한 번 제대로 안아보지 못하고 떠난 그 아이는 말로는 하나님을 믿는다고 했지만, 어디까지 믿었을까요? 제가 천국에 가면 아버지를, 그리고 막내를 다시 만날 수 있을까요?

무엇보다 궁금한 것은, 하나님께서 북녘땅에서부터 무고한 피흘림을 신원하시기 위해 저를 그 기도의 자리로 부르셨던 것일까 하는 겁니다. 이후 막내의 죽음을 어머니께 말씀드리기까지 참 많은 시간이 걸렸습니다. 어머니는 그 모든 시간을 통과하며, 말로 형용할 수 없는 고통을 감내하셨습니다.

8장

길게 늘어난 가방끈의 목적

인생은 무엇인가? 나는 누구인가?

제가 인생이 무엇인지에 대한 철학적인 질문을 처음으로 하게 된 때는 처음 탈북해 중국에서 살던 어느 날이었습니다. 당시 월세방에 살던 저는 그것만으로도 만족하고 있었습니다. 돈을 모아, 언젠가 부모 형제를 만나면 맛있는 것도 사드리고, 좋은 옷도 입혀드리고 싶었습니다. 어느 날, 대련시 바닷가에 놀러 간 적이 있었습니다. 차를 타고서 한 바퀴를 도는데, 아주 멋진 별장이 있는 것을 보게 되었습니다. 그때만 해도 별장이 무엇인지 몰랐지만, 설명을 듣고서 "저런 집은 얼마쯤 하느냐"고 물어보았습니다. 그런데 세상에, 액수가 천문학적이어서 할 말을 잃고 말았습니다. 충격이 너무 컸던 이유는, 저런 집은 나 같은 사람이 당시에 벌던 돈을 평생 하나도 안 쓰고 모아도 살 수 없다는 것을 깨달았기 때문입니다. 처음으로 "인생이 뭐지? 돈 버는 것의 끝은 어디지?"라는 질문을 하게 되었고, 순간 인생의 허무함이 확 몰려왔습니다.

북에서는 태어나는 순간 '나는 누구인가?'라는 질문조차 할 수 없는 정체성이 자동적으로 부여되었습니다. 아버지 대원수님과 장군님이 계시기에 행복하고, 모두 친형제이기에 세상에 부러움 없이 산다는 것, 그것에 대한 긍지로 살았던 것입니다. 그리고 역사교육을 통해, 이런 행복한 나라를 찾아주기 위해 일제 치하부터 싸워온 김씨 가문에게 평생토록 충성을 다하여 사는 것은 당연한 일이라고 생각했습니다. 그러니 '나는 누구인가?'라는 질문은 해볼 생각조차 하지 못했습니다. 더구나 유물론과 진화론을 가르치는 북에서는 다른 종류의 철학적인 것은 배우지도 않았기에, 어릴 적엔 혼자서 "사람은 어디서 나오고, 죽으면 어디로 가지?" 같은 뜬금없는 질문 정도만 했던 것 같습니다. 그리고 3년 만에 북으로 들어갈 때도 '나는 이제 앞으로 어떻게 되지? 나로 인해 우리 가족은 또 어떤 피해를 받을까?' 하는 생각에만 골몰해 있었습니다. 당시 소문은, 우리 같은 사람은 돌아가면 총살되거나 오랜 시간 감옥에서 나오지 못한다는 것뿐이었기 때문입니다. 하지만 탈북한 사람이 너무 많아 웬만하면 경제범으로 조사받고 풀려나는 것이 기본이었으니, 북송될 때의 공포는 이내 사라지게 되었습니다.

더욱 신기했던 풍경은, 감옥 안에서 끼리끼리 친한 사람들이 모여 앉아 "너는 나가면 어디로 갈 거니?" 하며 다시 탈북 루트에 대해 의논하는 것이었습니다. 저는 속으로 '이 사람들, 정신 나갔나? 여기서 누가 들으면 어쩌려고 저러지? 이렇게 혼나고도 정신을 못 차리는구나' 싶었습니다. 하지만 중국에서 먹고 살던 풍요로움을 생각하면, 이깟 몇 달간의 고생이 대수일까 싶어 이내 공감되기도 했습니다. 다른 세상을 맛본 사람과 그렇지 않은 사람의 차이만 있을 뿐이었습니다.

밤이 되면 중국에서 먹었던 돼지고기, 소고기 이야기만 하는데, 저는 속으로 '신라면이 너무 먹고 싶다'라는 생각을 해서 혼자 피식 웃기도 했습니다. 대부분이 농촌으로 팔려 갔던 분들이어서 고기 이야기를 하는 건 당연했고, 한국문화를 일찌감치 접한 저는 맛 들린 신라면이 그렇게 생각났던 겁니다. 실제로 다시 탈북한 다음엔 중국 대련에 가자마자 신라면을 두 개나 끓여 먹기도 했습니다. 그 이전이나 후로도 한꺼번에 두 그릇을 먹은 적은 없습니다.

북한에서 배운 좋은 것

감옥에서 제게 사무실 청소를 시켰던 보안원이 이런 말을 하더군요. "중국 가서 살려면 멀리 들어갔어야지, 그렇게 잡혀 나올 곳에 있으면 어떡하냐? 다음에 가면 멀리 들어가라."

놀랍지 않습니까? 겉으로는 우리에게 반역자라고, 다시 중국에 들어가기만 해보라고 으름장을 놓더니, 뒤에서는 그렇게 말해주는 겁니다. 당연히 저를 위해 해주는 말이라는 건 알았지만, '여기 사람들도 이럴 정도로 알 건 다 아는구나' 하는 생각이 들었습니다.

북송되어 집으로 돌아갔다가 다시 2차 탈북을 할 때, 제 마음속에는 단 하나의 생각만이 남았습니다. 반드시 나가서 성공해야 한다는 것과, 이후 고향으로 돌아와 어려운 사람들을 살려야 한다는 것이었습니다. 사실 목장에서 일할 때, 김책시 인구 5만 가구에 한 달에 한 번이라도 고기 1킬로그램씩 돌아가게 하려면 가축을 얼마나 늘려야 하는지에 대해 5개년 계획을 세워본 적도 있습니다.

제가 북한에서 살면서 배운 것 중에서 좋은 것 하나는 나 개인을 위해서가 아니라 누군가를 위해, 많은 사람을 위해 무엇을 할 것인가를 늘 생각했다는 점입니다. 개인주의보다 집단주의 교육의 덕을 본 셈이지요. 그렇게 김일성 가문을 위해 평생을 사는 것이 저의 운명이라 생각했던 저는 중국에서 열심히 내 가족을 위해 돈을 벌며 살았고, 다시 북으로 돌아가서는 다음 세대를 살려야겠다는 마음으로 두 번째 탈북을 결심하게 되었습니다. 하지만 '인생이 무엇인가?'에 대한 답은 여전히 찾지 못했습니다. 그 답은 의외의 장소에서 발견하게 되었고, 마침내 완성되었습니다.

하나님이 열어주신 공부의 문

북한에서 대학 진학은 제게 당연한 목표였습니다. 대학을 가기 위해 열심히 공부는 했지만, 담임선생님을 고발한 일이 계기가 되어 모든 것이 바뀌었습니다. 북한 사회에서 담임선생님은 학생의 진로에 결정적인 영향을 미치는 존재였고, 그런 분을 고발한 제가 대학에 가지 못하게 된 건 너무나도 당연한 결과였습니다.

그 후 충성분자의 표본처럼 여겨지던 정춘실 영웅을 만난 다음 고향으로 돌아왔고, 결국 김책시 상업관리소 목장으로 배치되어 일하게 되었지요. 그곳에서 저는 가축 생산을 늘리기 위해 학성농업전문학교 축산과를 통신으로 다니게 되었습니다. 1년에 한 번, 겨울에 몰아서 공부하는 방식이었지만, 그 공부가 실제로 거위 사육에 많은 도움이 되었습니다.

그렇게 공부에 진심이었던 저는 북에서는 대학교에 가지 못했고, 한국에 와서도 처음 원했던 대학교에는 탈락해서 크게 낙심했습니다. 그러나 하나님의 인도하심으로 감리교신학대학교 학부에 입학하게 되었습니다. 1학기를 마치고서 예수전도단 훈련을 위해 휴학했고, 그곳에서 하나님과의 깊은 만남을 경험하며 신앙의 여정을 새롭게 걷게 되었습니다. 이후 다시 복학하여 공부와 사역을 병행하다가, 영어 공부에 대한 갈망으로 캐나다에 가게 되었습니다. 한 달간 어학원에 다니니 귀가 열리는 것 같았습니다. 계속 공부하고 싶은 마음이 컸는데, 아빠(오대원 목사님)의 권유로 신학교를 마무리하기 위해 2008년 2월 귀국했습니다. 그리고 지금의 남편을 만나게 되었습니다.

삶은 참 계획대로 되지 않습니다. 복학 후에 학업과 기도 사역을 병행하며, 2009년 여름에 코스모스 졸업생이 되어 학부를 마무리했습니다. 대학원 진학은 전혀 생각하지 않았습니다. 그때 결혼한 것도 이유였지만, 저는 전형적인 '현장파'였기에 사역 현장이 더 좋았거든요. 그런데 3년 뒤, 하나님께서 다시 문을 여셨습니다.

학부 시절, "북향민 가운데 신학계 학자가 없으니, 네가 그 길을 가보면 어떻겠냐"고 권유하셨던 이덕주 교수님의 말씀이 오랜 세월 제 마음속에 남아 있었습니다. 어느 날 우연히 뵌 이 교수님께서 "지금도 기다리고 있다"라고 하신 한마디가 제 발걸음을 다시 대학원으로 이끌었습니다. 그래서 석사 과정에 들어갔고, 도중에 휴학을 하긴 했지만, 결국 논문을 완성하여 2016년 2월에 졸업하게 되었습니다. 엉덩이를 의자에 붙이고 공부하는 스타일이 아니었던 저에게 논문은 정말 어려운 도전이었지만, 북향민들의 신앙체험을 '개종 3단계'로 나누어 100명 가까운 설문과 인터뷰를 통해 유의미한 연구를 마칠 수 있었습니다. 이 연구를 하면서 공부의 재미를 알게 되었고, 같은 대학원에서 박사과정이 개설되면 계속 공부해 보고 싶다는 생각이 들었습니다.

그러던 중, 예상치 못한 제안을 받게 되었습니다. 이덕주 교수님께서 미국 웨슬리신학대학원을 추천해주신 것이었습니다. 마침 웨

슬리신학대학원의 신경림 부총장님도 한국에 들어와 계셔서 만나뵙게 되었습니다. 부모님이 실향민이셨던 부총장님은 제가 걱정하는 모든 것들에 대해 안심시켜주셨고, 도전해보라고 격려해주셨습니다. 그러나 제게 미국 유학은 정말 말도 안 되는 제안이었습니다. 언어도, 학비도, 모든 것이 불가능해 보였기 때문입니다. 아무리 믿음이 좋아도 언어는 하루아침에 되는 게 아니니까요. 교수님께 여쭈었더니 "그냥 하면 돼요"라고 하시더군요. 결국 시작할 마음이 있느냐 없느냐, 하나님의 인도하심이 맞느냐 아니냐의 문제였던 것입니다.

면접과 시험 모두 믿음으로 기도하며 준비했고, 공부를 시작할 수 있었습니다. 하지만 미국 교수에게 제출한 논문 프로포절을 여러 번 퇴짜 맞고서, 동기들에게 다음에 해야겠다고 말했습니다. 그런데 다음에 하면 더 어려워진다며, '할 때 해야 한다'고 응원해준 동기 목사님들과 교수님들의 격려로 끝까지 달렸습니다. 결국 휴학 한 번 없이 졸업했는데, 이 과정이 제가 공부하면서 처음으로 '휴학 없이 졸업한 과정'이었습니다. 그 어려운 미국 목회학 박사과정을 말입니다. 그동안 하도 휴학을 많이 해서, 어떤 북향민 형제님이 저를 '휴학의 달인'이라고까지 불렀었으니까요.

제가 휴학을 했던 것은 공부가 어려워서라기보다, 마음이 계속 현장에 가 있기 때문이었습니다. 공부하려고 하면 계속 눈앞에서 아른거리는 어려운 사람들의 잔상이 겹쳐 견딜 수 없었습니다. 그래서 엉덩이를 의자에 붙인 채 공부할 수 없는 저를, 결국 하나님은 또 한 번 기적의 길로 놀랍게 인도해주셨습니다.

길어진 가방끈의 목적은

사실 미국에서 공부한다는 건 제 인생에서 꿈도 꿔보지 못했던 일이었습니다. 하지만 돌아보니, 북에서 영어가 너무 재미있어서 평양외국어대학교에 가고 싶었던 저였습니다. 비행기를 타고 외국에 나가보고 싶다는 막연한 꿈도 있었습니다. 그러던 어느 날, 미국에서 공부하던 중에 머리를 스치는 생각이 있었습니다.

'아, 나는 대학 공부는 대한민국 수도 서울에서 했고, 대학원 공부는 미국 수도 워싱턴DC에서 했으니, 이제는 평양에서 가르칠 일만 남은 건가?'

정말 그럴 날이 올지도 모르겠다는 생각이 들었습니다. 공부는 거기서 끝일 줄 알았습니다. 그러나 하나님은 또 다른 문을 여셨습니다. 통일코리아협동조합(통협)의 이사장직을 맡은 지 얼마 안 되었을 무렵, 아주대학교 MBA 과정에 북향민 대상 전액 장학 제도가 있다는 것을 알게 된 것입니다. '경영'의 '경' 자도 모르던 저였지만, 협동조합을 운영하다 보니 배워야 할 것이 너무 많았습니다. 그 타이밍에 마침 주어진 기회를 마다할 이유가 없었습니다.

나이에 따라 다르긴 하지만, 북향민들이 대학교 공부를 지원받을 확률은 높지만, 대학원은 그럴 확률이 거의 없다시피 했습니다. 그런데, 아주대학교 MBA과정은 당시 박호환 원장님의 노력으로 전액 장학금제도가 마련된 것이라 감사하지 않을 수 없었습니다. 지금은 북향민에게 반액을 지원하는 대학원도 더러 있긴 합니다.

그렇게 공부를 계속하다 보니, 제 지인들 중에선 "가방끈 그만 늘려라"라고 농담하는 분도 계십니다. 하지만 저에게는 학위가 중요한 게 아니었습니다. 남한 사람들에 비해 턱없이 아는 것이 부족하다는 현실 앞에서, 기회가 주어지는 대로 최대한 배워야 한다고 생각해왔습니다.

그러다 어느 날 문득 깨달은 게 있었습니다. 이 땅에서 우리가 누리는 학업의 기회와 혜택들은 그저 개인을 위한 것이 아니라는 겁니다. 하나님께서 통일 이후를 준비시키시는 '투자'라는 감동이었습니다. 그래서 지금도 생각합니다. 통일의 문이 열리기 전에 제게 건강만 받쳐준다면, 끊임없이 배우고 준비해서 사회와 후대에 반드시 환원해야 한다고 말입니다. 결국 저는 마지막으로 대학원 하나를 더 선택하게 되었습니다. 경기대학교 정치전문대학원의 정치법학과 박사과정입니다.

저는 남한 분들이 전공한 북한학 강의와 논문을 보면서 놀란 적이 많았습니다. 북에서 살았던 저보다 북한을 더 잘 알고 있구나 싶어서 감동을 받은 것입니다. 한편으론 북에서 살아본 사람 입장에서 이해가 안 될 정도로 왜곡된 해석을 하는 것을 보기도 했습니다.

그래서 '살아본 사람으로서의 이론 정립'에 대한 갈망이 생겼고, 이 글을 쓰는 시점에는 논문학기만 남겨두고 있습니다.

공부를 많이 했다고 해서 제가 그 분야를 잘 안다는 건 당연히 아닙니다. 하지만 공부와 현장 사역을 병행해온 지난 시간 속에서 공부는 제게, 적어도 큰 그림을 보고 균형 있는 시각을 가지게 해주었습니다.

제가 걸어온 이 길은 단지 저를 위한 길이 아니었습니다. 지금 이 땅에서 받은 배움과 기회 하나하나가 통일 이후 하나님께 드릴 열매이기를, 그날을 준비하는 정직한 밑그림이 되기를 기도합니다.

3부

진짜 아버지를 만나다

9장

아버지가 나를 기다리셨다

두 번째 탈북

재탈북의 결심을 품고서, 저는 바로 아래 남동생과 함께 혜산행 기차에 몸을 실었습니다. 혜산으로 가는 증명서 발급은 매우 어려웠기에 아예 뇌물을 찔러주기로 하고, 간도 크게 단속 칸에 올라탔습니다. 단속 칸은 안전원들이 상주하는 칸입니다. 제 생애 가장 드라마틱한 일이 여기서 벌어지게 됩니다. 기차에서 단속조장에게 붙잡혔고, 제가 중국으로 갈 계획이 있음을 들키게 된 것입니다. 청진에서 5년간 저처럼 탈북한 사람들만 다뤄본 경험이 있는 안전원이라 눈썰미가 남달랐습니다. 그는 저와 거래하자고 제안했습니다.

중국에서 돈을 가져오면 자기와 반반 나누자고 각서를 쓰게 했고, 저는 통 크게 담배 두 보루 값인 1천 원을 여행 증명서 대신 찔러주었습니다. 그런데 어이없게도 그가 저와 동생을 혜산역 파출소에 넘겨버렸고, 우리는 보위부 구류장까지 호송되었습니다.

보위부 구류장은 남성과 여성이 따로 있을 수 있도록 칸이 나뉘어 있었는데, 아저씨 한 분이 저희를 보더니 "너희 도강하려다 잡혔구나!" 하시는 겁니다. 그러더니 자기는 내일이면 여길 나간다면서 의심받을 만한 물건은 자기에게 맡기라고 하더군요. 나중에 집결소(한국의 교도소)에서 풀려나면 자기 집으로 와서 가져가라고 말입니다. 그 아저씨는 김일성연구실에서 카드놀이를 하다가 잡혀온 건데, 지역에서 나름 유명한 당 간부였습니다. 이상하게 그의 말이 믿어져, 한국제 화장품과 가족사진 같은 의심 살 만한 물건들을 맡기고 조사실로 불려갔습니다. 그리고 사정없이 집결소로 보내졌습니다.

동생은 가는 내내 울면서, "어떡하냐"며 겁에 질려 있었습니다. 하늘이 무너진다는 말을 그때 처음 실감했던 것 같습니다. 중국에서 잡힐 때보다 더 놀랐고 긴장되었으니까요. 저는 이래저래 잡혀본 경험이 있지만, 그런 경험이 없는 동생이 앞으로 겪어야 할 일을 생각하니 마음이 너무 아프고 하늘도 무심하다고 생각했습니다.

그때는 마침 주말이었고, 집결소에는 부소장이 당직을 서고 있었습니다. 제가 어디서 그런 용기가 났는지, 저절로 눈물이 나와 울며 억울하다고 말했습니다. 혜산역에서 무사히 통과시켜주겠다고 해서 돈을 1천 원이나 주었는데, 이렇게 하는 법이 어디 있냐고 하소연했습니다. 저희 물건에 의심될 만한 것이 없음을 확인한 부소장은 저의 하소연에 놀라며, 열차 승무원들이 머무는 숙소에 바로 전화를 걸었습니다. 전화를 끊고서 저를 유심히 보며 "혜산에 아는 사람이 있느냐? 믿고 내보내는데, 오늘 하룻밤은 나가서 자고, 대신 내일 아침 반드시 돌아와야 한다"고 다짐을 시켰습니다.

마침 제가 혜산으로 장사 다니던 시절에 신세를 졌던 집이 있어서, 그 집을 찾아가 오랜만에 회포를 풀고, 다음 날 아침 약속대로 집결소로 돌아갔습니다. 이 대목에서 '그때 도망가지 그랬냐'라고 생각하는 분들도 계시겠지만, 저라고 그 생각을 왜 못 했겠습니까? 그런데 부소장이 묘하게 믿음이 갔고, 뭔가 안전할 것 같다는 마음이 들었습니다. 그런데 그런 마음마저 '제 곁에 천군천사를 붙이신 성령께서 주신 마음이지 않았을까'라는 생각이 들기도 합니다. 후에 벌어진 일을 보면 '잘했네'라는 생각이 드실 겁니다.

풀려나기만 한 것이 아니라

다음 날 아침, 일찍 집결소로 들어갔습니다. 부소장은 보자마자 "신분이 다 확인되었으니, 기차가 있는 대로, 오늘 또는 내일 반드시 집으로 돌아가라"며 임시 통행증을 주었습니다. 와! 그때의 감정을 어떻게 표현해야 할지 모르겠습니다. 더 놀라운 사실은, 단속조장을 혼내서 돈을 갖고 오라고 했다며, 오후에 자기 집으로 오라고 하는 겁니다. 자기 아들들도 다 안전원인데, 그런 식으로 일하면 안 된다고, 돈을 받았으면 약속을 지켜야지 어디 그런 횡포가 있느냐며 단속조장을 야단치셨습니다. 놀랍지 않습니까? 풀려나기만 한 것이 아니라 돈까지 찾게 되었습니다. 너무 감사하여 부소장 집에 선물로 생선 한 묶음을 사 들고 갔는데, 정말로 1천 원을 돌려주셨습니다. 저에게는 그때 "오늘 돌아가라"고 신신당부하셨는데, 저는 이렇게 한국에 와 있네요. 정말 은인이 아닐 수 없습니다. 나중에 혜산으로 가면 꼭 찾아뵈려고 마음먹고 있습니다. 살아만 계시다면 좋겠습니다.

그렇게 화가 복이 되어 돈을 돌려받고, 저는 물건을 맡겼던 아저씨 집으로 찾아갔습니다. 저를 본 아저씨는 "내 이럴 줄 알았다. 네 관상을 보니 평범한 애는 아니라고 생각했다"며 매우 반가워하셨습니다. 그런데 또 다른 난관이 생겼습니다. 제가 오면 압록강을 건너게 해주기로 약속했던 아주머니를 찾아갔는데, 그 분이 칠색팔색 뛰었습니다. "요즘 경비가 삼엄해서 절대로 못 건네 준다"는 겁니다. 저는 순간 눈앞이 캄캄해졌습니다. 그 아주머니만 믿고 왔는데, 강 건너는 것을 도와줄 수 없다니, 2차 탈북은 이렇게 좌절되나 싶었습니다. 몇 번을 더 찾아갔지만, 답은 똑같았습니다.

막막해하던 어느 날이었습니다. 저희가 잠시 머물던 아저씨 집에서 하나의 사건이 터졌습니다. 아주머니가 보물처럼 여기던 일제 히다치 오디오가 있었는데, 부부가 집에 안 계시는 동안 제가 망가뜨린 것입니다. 사실은 저희가 수상하다며, 강 건너가려고 온 것이 아니냐며 물었었는데, 아니라고 딱 잡아뗐었거든요. 그런데 그날은 "오디오 값을 받기 위해서라도, 네가 건너가겠다면 건너보낼 수 있다. 강 건너편에 우리 친척이 있다. 제대로 말해보라"며 우리를 어르고 달래며 설득하셨습니다. 사실 그 부부가 모두 한 기업소의 당 간부였기에, 자칫 잘못 말했다가 어렵게 나온 집결소로 다시 들어가게 될까 봐 탈북하려는 의도를 감추고 있었거든요. 그런데 사태가 이렇게 되고 보니 '도 아니면 모다' 하는 심정으로 이실직고하게 되었습니다. 결국 드라마 같은 일이 벌어졌습니다.

강 건너편에는 이 부부의 먼 친척이 계셨고 제가 아는 지인도 계셨습니다. 부부의 친척이 장백현에 살고 있는 제 지인에게 연락을 취해 강변에 차를 대고 마중 나오기로 약속했습니다. 혜산에서는 이 부부가 미리 손을 써 군인들과 작전을 짠 끝에, 벌건 대낮에 강을 건너는 데 성공하게 됩니다. 아무리 짜고 하는 일이라도 시퍼런 대낮이라, 뒤통수가 그렇게 후끈거려본 적은 처음이었던 것 같습니다. 그렇게 해서 저는 무사히 강을 건넜고, 곧바로 차를 타고 지인의 집으로 가서 머물게 되었습니다. 이후 대련에 있는 또 다른 지인에게 연락하여 돈을 전달받았습니다. 그 돈으로 망가뜨린 오디오값을 갚고, 아주머니가 부탁하신 아저씨 구두와 아이들 신발까지 모두 구입해서 건네드릴 수 있었습니다. 동생에게는 얼마간의 돈을 쥐어 주고, 저는 곧장 대련으로 향했습니다.

숨 막히는 일들의 연속을 통과하며, 2001년 3월 19일, 얼음이 풀리기 시작한 압록강을 자박자박 밟으며 2차 탈북에 성공하게 되었습니다. 가장 큰 미스터리는, 제가 썼던 각서가 혜산역 파출소에서 보위부로 넘어가지 않았다는 것입니다. 왜 혜산역 파출소 소장은 그 각서를 넘기지 않았을까요? 그것이 보위부로 넘어갔다면, 저는 집결소에서 빠져나올려야 빠져나올 수 없었습니다. 제가 잡히지 않았더라면 보위부 감옥에서 그 아저씨를 만나지 못했을 것이고, 강도 건너지 못했을 것입니다. 반대로 각서가 넘겨졌다면 강을 건널 기회조차 없었을 것입니다. 그때는 제 운이고 복이라고 생각했지만, 훗날 예수님을 만나면서 깨닫게 되었습니다. 그것이 하나님의 크신 손이 움직이신, 완벽한 그분의 시나리오였다는 것을 말입니다.

살아계신 하나님 아버지

대련으로 갔지만, 한 번 잡혔던 곳이라 안전을 위해 심양으로 옮긴 저는 어떻게 해서든 한국에 가기 위해 이곳저곳을 알아보았습니다. 그러던 중, 몽고로 보내주겠다고 하는 심양 서탑교회의 한 집사님이 여권이며 필요한 것들이 있다고 하면서, 당시 중국 돈 3천 원을 요구하여 어렵게 구해 드렸습니다. 그런데 그가 거짓말처럼 사라져버렸습니다. 첫 번째 시도의 결론은 속은 것이었습니다. 두 번째 시도는 심양에서 아예 비행기를 타고 한국으로 가는 '선'이었습니다. 진짜 신분증까지 만들어 공항에 나갔지만, 그해 여름 탈북한 사람 일곱 명이 베이징 주재 유엔난민고등판무관(UNHCR) 사무소에 진입해 망명을 요청한 사건이 있던 후라, 아무래도 어렵겠다며 취소되고 말았습니다.

이렇게 두 번의 실패를 겪으며, '나는 한국 갈 운명이 아닌가'라는 생각까지 하게 되었습니다. 세 번째까지 시도해보고 안 되면 중국에서 잘 살아남을 방법을 강구해야겠다고 마음먹었습니다. 그런데 감사하게도, 친구들이 소개해준 선으로 태국행에 성공하게 되었습니다. 선교사님들이 붙어 안내해 주시던 루트였는데, 심양에서 곤명을 거쳐, 캄보디아 국경을 넘어 태국으로 가는 길이었습니다. 일행은 열 명이 넘었던 것으로 기억되며, 대중교통이라는 대중교통은 다 타본 것 같습니다. 구간마다 다른 브로커들이 바통터치하듯이 데려가고 넘겨주었으니, 어찌 다 기억이 나겠습니까. 그것도 전부 처음 가본 길이었고요. 그 과정은 이렇게 글 몇 줄로 말할 수 없는 여정이었습니다. 게다가 신기할 만큼 그 과정의 조각조각만 기억이 나고, 전체 과정은 거의 떠오르지 않습니다. 너무나 정신이 없는 여정이었기 때문이겠지요.

밤에 산길을 걸을 때 소리가 나면 캄보디아 국경수비대에 걸릴 수 있다고 하여 숨죽이며 갔던 일과, 메콩강에 도착하기 전에 산비탈을 미끄러지며 내려갔던 기억은 또렷합니다. 후에 알게 된 사실이지만, 메콩강에는 악어가 있다고 하더군요. 만약 배를 타기 전에 알았다면 겁쟁이인 저는 아마 배에 타지 못했을 것입니다. 다 건너고 나서야 건너온 강에 악어가 득실거린다는 말을 들었는데, 식은땀이 났습니다.

그렇게 무사히 태국에 도착해, 정말 하나님의 은혜로 태국 방콕 한인연합교회에 인계되었습니다. 그때가 2002년 4월입니다. 북한을 떠난 지 꼭 1년 만에 한국으로 갈 수 있는 길목에 도착한 셈이었습니다. 교회에는 이미 와 있던 고향 사람들이 70여 명 정도 있었고, 우리는 교회에서 마련해준 숙소에서 지내며 자연스럽게 교회 생활에 참여하게 되었습니다.

어느 날, 우리를 담당하던 목사님께서 말씀하셨습니다.

"들어온 순서대로 한국에 가는 것이 원칙이지만, 이곳에서 말썽을 일으키거나 문제를 만들면 순서가 뒤로 밀립니다."

그 말을 들은 저는 하루빨리 한국에 가야 한다는 생각으로 마음을 다잡았습니다. 교회에서 하라는 대로 정말 열심히 예배에 참석하기 시작했습니다. 새벽예배부터 저녁예배까지 하나도 빠지지 않고 말이죠. 예배는 하나도 힘들지 않았습니다. 힘들었던 건 생전 처음 경험하는 찌는 듯한 더위와 입에 맞지 않는 음식이었습니다. 태어나서 그런 더운 나라는 처음 봤거든요. 숙소에서 교회까지 걸어서 20분 거리라 힘들었지만, 그래도 매일 열심히 새벽예배에 참여했습니다. 그리고 어쩌다 보니, 담임목사님께서 손으로 쓰신 설교집을 타이핑하게 되었습니다.

우리를 담당하셨던 목사님은 "한국에 가면 하나원에서 타이핑 경연이 있는데, 1등 하면 상금이 100만 원이다, 성경 일독을 목표로 타이핑을 연습하라"고 독려하시기도 했습니다. 덕분에 신약성경을 타이핑하며 일독하다 보니 중국에서는 1분에 겨우 70-80타를 치던 제가 약 300타 가까이를 치게 되었고, 결국 하나원에서는 450타나 넘게 쳐서 1등을 하게 되었습니다. 이 상금 100만 원뿐 아니라 전체적으로 하나원 생활을 잘해서, 단 두 명이 타는 최고의 상금으로 200만 원이 넘는 돈을 받고서 울기도 했습니다.

타이핑으로 성경과 설교문을 정리하며 예배에 열심히 참석하고 있던 어느 날 새벽이었습니다. 저는 여느 때처럼 졸다가, 놀라서 깨어 일어나 앉았습니다. 그 순간, 두 번째 탈북 때의 일이 영화의 한 장면처럼 파노라마같이 지나갔습니다. 그 모든 과정이 하나님의 시나리오였음을 성령께서 깨닫게 하신 것입니다. 기차에서 잡힌 순간부터 강을 건너기까지의 모든 과정을 말입니다. 눈물이 비 오듯 쏟아졌습니다. 꺼이꺼이 울면서 회개했습니다. "하나님, 죄송합니다! 제가 너무 늦게 왔습니다"라는 고백과 함께, 살아계신 하나님을 인정할 수밖에 없었습니다. 곧이어 십자가에 달리신 예수님의 모습이 환영처럼 보이며, '원수를 사랑하라'는 음성이 들려왔습니다. 순간 너무 놀라 '어떻게 아셨지?' 하고, 마치 거짓말을 들킨 사람처럼 꼼짝 못 하고 주님 앞에 꼬꾸라질 수밖에 없었습니다.

십자가에 달리셔서 보혈을 흘리시는 예수님을 보는 순간, 저도 모르게 "아, 그들이 주님을 몰라서 그랬군요. 그런 거였네요. 주님, 알겠습니다. 주님이 그들을 위해서도 보혈을 흘리신 건데, 알겠습니다. 용서하겠습니다"라고 고백하게 되었습니다. 저를 저보다 더 잘 아시는 주님께서, 제가 어떤 마음을 품고서 한국에 가는지 다 알고 계셨던 것입니다.

저는 굉장히 목표지향적인 사람이라, 한국행의 목표가 너무나 뚜렷했습니다. 첫째, 나를 국민으로 인정해주는 한국에 가서 국적을 취득한다. 둘째, 반드시 성공해서 북으로 돌아가 가장 어려운 사람들을 돕는 쌀 창고를 짓고 밥을 먹인다. 셋째, 나를 납치한 자들, 공안에 고소해서 잡히게 한 자들을 찾아가 복수한다. 이 중에서 바로 '복수'의 마음을 주님께서 아신 것입니다. 그러니 나를 훤히 들여다보고 계신 주님 앞에 죄송하다고 연발할 수밖에 없었습니다.

미션홈의 아주머니

1997년 첫 탈북 때 옷가게에서 3개월간 일하고, 다른 일자리를 찾아보다 연결된 곳이 '미션홈'이었습니다. 당시에 저는 당연히 그곳이 '미션홈'인 걸 몰랐습니다. 그냥 일자리를 소개해줄 때까지 있으라고 해서 머물렀던 것입니다. 아파트였는데, 하루 이틀 있어 보니 재중동포 여섯 명가량이 함께 살고 있었고, 밥 먹을 때면 이 방 저 방에서 나오는 겁니다. 그렇게 하루 이틀 저를 놓아두더니, 주인집 아주머니로 보이는 분이 "심심하지 않느냐"고 물었습니다. 당연히 심심하다고 했습니다. "그러면 혹시 공부를 같이 하지 않겠느냐?"고 했습니다. 원래 공부하는 것을 좋아하던 터라 바로 수긍했습니다. 안 그래도 공짜로 밥 먹고 자고 하는데, 그런 것쯤 못하겠나 싶었던 것입니다. 결국 재중동포들과 성경공부를 하게 되었습니다.

알고 보니 주인집 아주머니는 여의도순복음교회에서 파송받은 선교사님이셨습니다. 일찍이 남편과 사별하고 딸을 중국 남자에게 시집까지 보내신 분으로, 중국선교에 비전이 있으셨습니다. 그런 선교사님이 제가 간 첫날, "하나님이 너를 보내주셨다. 북한 사람 한 사람만 보내달라고 기도했는데, 당신이 왔다"며 너무 기뻐하셨습니다. 그때 저는 속으로 '이 무슨 미친 소리야' 하고 웃어넘겼습니다. 하지만 그곳에서 성경공부와 예배와 기도 시간에 참여하면서 사도신경과 주기도문을 외우고 금식도 하며, 야밤에 산 기도까지 따라가다 보니 제법 기도도 하게 되었습니다. 그런 저를 본 선교사님이 신학교에 보내주겠다고 하셨습니다. 그 말씀을 듣는 순간, 저는 도망갈 생각을 하게 되었습니다.

그때까지 저는 '하나님은 계신 것 같다' 정도의 어렴풋한 믿음이 있었고, 오직 저희 가족이 살아있게 해달라는 '기도 부탁'은 간절히 드렸습니다. 저 역시 그것만큼은 간절히 기도했습니다. 하지만 만이로서 가족을 만날 때를 대비하여 돈을 버는 것이 중요했던 저는 돈을 버는 것의 우선순위를 바꿀 수 없었습니다. 신학교에 간다는 것은 말도 안 되는 일이라고 생각했습니다. 결국 선교사님이 안 계실 때 도망쳐 나오고 말았습니다.

태국에 갔을 때, 새벽예배 시간에 바로 중국에서 처음 복음을 접했던 이때의 생각이 떠올랐습니다. 저는 주님께 회개하며 고백했습니다. "죄송합니다. 5년을 돌아서 왔습니다. 앞으로 정말 주님을 떠나지 않겠습니다." 눈물로 다짐하게 되었습니다.

이후 한국에 와서 백방으로 알아봤지만, 당시 '김다비'라는 가명을 쓰셨던 선교사님은 찾을 수 없었습니다. 제가 그 집을 나간 다음, 그 분이 저를 위해 얼마나 많이 기도했을지는 너무나 뻔합니다. 신학교에 보내시겠다던 선교사님의 말씀대로, 제가 한국에 와서 신학을 공부하고 사역하고 있는 저를 만나면 얼마나 기뻐하실까요? 그런데, 23년이 지나도록 만나지 못하고 있습니다.

10장

예수님이 주신 영원한 생명

북한 사람은 안 변한다?

한국에 와서 신학을 공부하고 기도 사역을 하면서, 강의를 다닐 기회가 많이 있었습니다. 때때로 북에서 온 제가 강의하고 있음에도 불구하고 "북한 사람은 안 변한다"라는 강한 신념을 가진 분들을 만나곤 했습니다. 이유를 물어보면, 북한에서 주체사상으로 너무 오랜 시간 세뇌되었기 때문이라는 답이 돌아왔습니다. 일리있는 이야기라고 생각할 수 있습니다. 하지만 그럴 때면 저는 이렇게 반문하곤 했습니다.

"그들이 안 변한다는 믿음을 가진 것은 결국 하나님을 안 믿는다는 믿음의 또 다른 반증이 아닐까요?"

성경에는 견고한 자기 세계를 갖고 있다가 하나님을 만난 인물들의 이야기가 많이 나옵니다. 특히 사도 바울은 원래 그리스도인들을 핍박하고 잡으러 다니던 열성분자 중 한 사람이었습니다. 그런 그가 다메섹 도상에서 예수님을 만나 완전히 변화되었듯, 북한 사람이든 누구든 어떤 견고한 사람이라도 예수님을 만나면 '게임 끝'입니다. 오히려 저는 북한 안에 사도 바울처럼 변화되어 하나님의 사람으로 살 사람들이 훨씬 더 많을 거라고 말씀드리곤 했습니다. 사실 저도 그랬습니다. 저만큼 안 변할 것 같은 사람도 변화되지 않았습니까? 그리고 무엇보다 중요한 건, 태국에서 예수님을 만났던 순간, 제 마음 깊은 곳에 오래도록 품고 있었던 질문, 즉 "인생은 대체 무엇인가?"에 대한 해답이 비로소 온전히 채워졌던 것입니다.

돈을 버는 일에는 끝이 없다는 사실을 깨달았던 순간의 허무함을 저는 아직도 생생히 기억합니다. 김씨 가문에 충성하는 것이 삶의 목표였던 저에게, 가족을 먹여 살려야 한다는 책임감은 곧 '돈을 벌어야 한다'라는 절박함으로 이어졌습니다. 돈을 버는 것이 또 다른 제 인생의 목표가 된 것이죠. 때문에 돈을 버는 것의 끝이 없음을 발견했던 순간은 제 인생의 목표가 사라지는 순간이기도 했습니다. 특히 아무리 열심히 일하고 돈을 벌어도, 그 돈을 버는 것의 결과가 다르다는 현실 앞에 직면했을 때 제 존재 자체가 없어지는 것 같았습니다. 그래서 '만약 인생이 단지 돈 벌다가 끝나는 것이라면, 그건 정말 너무한 것 아닌가?'라는 질문을 하게 된 것입니다.

인생이 어디서 와서, 왜 살며, 어디로 가는지 알 수 없었던 저는 그 답을 찾지 못한 채 미지의 숙제를 안고 살아가고 있었습니다. 그런데 예수님을 만나는 순간, 그토록 무겁고 복잡했던 인생의 질문이 순식간에 풀려버렸습니다. "아, 이거였구나!" 그 순간의 깨달음은 말로 표현할 수 없을 만큼 명징했고, 더 이상 아무것도 필요하지 않을 만큼 마음이 충만해졌습니다. 나의 본질, 나를 창조하신 분, 진짜 아버지를 찾은 것 때문입니다. 그 아버지를 만나러 가면 되는 것이었으니까요. 이 얼마나 놀라운 발견입니까! 신대륙을 발견한 것과 비교가 안 되는 것입니다.

예수님이 영원한 생명을 주셨으므로

제가 예수님을 만나고 가장 감격스러웠던 것은, 북에 있었더라면 그냥 굶어 죽었을지도 모를 하찮은 저에게도 '영생'이 선물로 주어진 것입니다. 김일성 같은 특별한 사람만 누리는 줄 알았던 영생이 사실은 하나님의 것이었음을 발견한 것입니다. 심지어 김일성 주석에게 있다는 영생은 가짜였습니다. 그 사실을 깨달았을 때, '예수님께서 주신 영원한 생명'을 갖게 되었다는 것이 저는 너무나 감격스러웠습니다. 그런 저의 마음을 아셨는지, 예수님께서 '예영'이라는 새 이름을 주시는 것 같았습니다.

간혹 어떤 분들이 제 이름의 뜻이 '예수님의 영광을 위하여'가 아니냐고 물어봅니다. 그러면 때로는 '네'라고 말하지만, 대화할 시간의 여유가 더 있다면 다시 짚어서 말씀드립니다. '예수님께서 주신 영원한 생명'이라는 뜻이라고 말입니다. 예수님의 영광을 위해 산다는 말은 사실 부족한 제 입에 올리기가 어려워서이기도 합니다.

'박예영'으로 새로 태어나던 그 순간은 저의 정체성이 완전히 새롭게 바뀌고 변화되는 시점이었습니다. '아버지 대원수님'에서 '하나님 아버지'로 저의 진짜 아버지가 바뀐 것은 비교 자체가 불가능한 변화였습니다. 한낱 피조물이 한 나라의 아버지 코스프레를 하고 있던 것과, 온 우주의 창조주이신 하나님 아버지는 비교할 수 있는 것이 아니었던 것이죠. 저는 그때부터 평생 하나님 아버지를 위해, 내 목숨을 구하기 위해 십자가를 지신 예수님을 위해 살아야겠다는 다짐을 하게 되었습니다.

많은 사람들이 생각하는 것처럼 북한 사람이 쉽게 바뀌지 않는 것이 아니라, 사람이 원래 잘 변하지 않습니다. 하지만 하나님을 만나기만 하면 누구라도 쉽게 바뀌는 것이 복음의 힘입니다. 물론 위에서 말한 전제는 성령의 체험으로 가능해지는 것입니다. 예수님의 방문과 깊은 만남이 일어날 때 가능한 일인 것은 분명합니다. 이는 제가 2016년에 신학 석사 논문을 쓰면서 많은 북향민들을 인터

뷰하고 설문하며 발견한 첫 번째 개종 사례이기도 합니다.

누구든 자신의 노력이나 의지보다 강력한 하나님의 임재와 찾아오심을 체험하면 부인할 수 없는 변화가 일어나게 됩니다. 많은 분들이 우려하는 것처럼, 북한 사람들의 경우 그런 특별한 체험이 없으면 교회를 기피하거나 부정적으로 보는 것이 사실입니다. 이유는 북한의 시스템과 교회의 시스템이 많이 닮았기 때문입니다. 모순적인 것은, 이 요소가 오히려 긍정적으로 작용하기도 한다는 점입니다. 북한의 시스템과 내용이 교회와 닮았기 때문에 익숙해서 오히려 받아들이기가 쉽다는 것입니다. 양면성이 있는 것입니다. 마치 하나님의 자리에 김씨 가문이 대체된 것처럼 보이는 양상을 떨칠 수가 없는 것이죠. 결국 가장 중요한 것은 각자에게 임하시는 하나님의 은혜입니다.

기독교는 '체험의 종교'로도 불립니다. 실제로 성경에 기록된 수많은 사건들은 모두 역사에 기반한 실제 이야기에서 비롯된 것이므로, 개인에게 체험 신앙은 매우 중요합니다. 그렇기에 하나님의 은총을 알고 있는 우리가 특정 집단을 향해 "변할 수 있다, 변할 수 없다"라고 단정짓는 것 역시 모순적인 태도가 아닐 수 없습니다.

전적인 하나님의 은혜를 믿는 우리에게는 이 세상의 모든 사람들에게 복음을 전하고 하나님께서 역사하시도록 기도하는 몫을 충실히 이행해야 할 책임만 있을 뿐입니다.

내 곁에 계시는 하나님 아버지

제게는 하나님을 만난 두 번의 터닝 포인트가 있습니다. 첫 번째는 태국에서 살아계신 하나님을 체험했을 때였습니다. 그때 제게 주신 '영원한 생명'에 감사하며, "땅끝까지 이르러 내 증인이 되라"고 하신 말씀을 따라 살기로 다짐했습니다. 다만, 제 마음에 자리잡은 하나님의 이미지는 엄격하고 멀리 계신 듯하며, 마냥 침묵하시는 '무서운 하나님', '가부장적인 하나님'에 가까웠습니다.

태국에서 하나님을 만난 후 한국에 와서 신앙생활을 이어가던 중, '세상에서 의미 있는 직업을 가지고 하나님을 기쁘게 해드리고 싶다'라는 마음이 컸습니다. 그래서 일반 대학 진학을 준비했지만, 결국 신학교에 가야 하는 기로에 서게 되었습니다. 사실 저를 잘 아는 몇 분이 제게 신학을 해야 할 것 같다고 조언해주셨지만, 저는 귓등으로도 듣지 않았습니다.

2003년에 풍문으로 들은 정보에 따르면, 북향민은 특별전형으로 대학에 쉽게 들어갈 수 있기 때문에 애써 시험공부를 하지 않아도 된다는 것이었습니다. 저는 그 말을 곧이곧대로 믿고서, 공부를 전혀 하지 않고 고려대학교와 연세대학교에 원서를 넣었습니다. 결과는 낙방이었습니다. 북과 남의 교육 차이를 고려해볼 생각도 하지 않고, '북한에서 공부 잘했던 것'만 믿고 덤볐던 제가 너무도 한심하게 느껴졌습니다.

그렇게 낙망하고 있던 중, 태국에서 우리를 가르치셨던 김성원 목사님이 마침 한국에 오셔서 신학교 진학을 제안하셨습니다. 제가 신학교에 가기를 망설였던 가장 큰 이유는 '목사가 되려면 최소 10년을 공부해야 한다'라는 생각 때문이었습니다. 그 시간이 너무 아깝게 느껴졌던 겁니다. 그러나 '꿩 대신 닭'이라는 마음으로 고민하고 있던 차에 수련회가 있었고, 오산리기도원으로 가게 되었습니다. 그날 새벽 3시경, 모두가 잠든 시간, 성령에 이끌려 묘지가 있는 산으로 혼자 올라갔습니다. 계단을 밟자마자 눈물이 쏟아졌습니다. 낮에는 무섭기만 했던 무덤 동산이었지만, 새벽에는 전혀 무섭지 않고, 오히려 성령에 취해 눈물을 쏟으며 기도했습니다. 저는 하나님께 따지듯 기도했습니다.

"하나님, 제가 혼자 잘살자고 이럽니까? 하나님 나라를 위해, 더 큰 일을 하기 위해 이러는 거잖습니까? 변호사가 되어, 또는 언론인이 되어 하나님을 기쁘시게 하고 싶어서 두 대학에 원서를 넣었는데, 왜 떨어지게 하셨어요?"

하나님을 믿은 지 2년이 채 안 됐던 저는 겁도 없었고, 기도도 어린아이처럼 했습니다. 그런데 그 순간, 전혀 예상치 못한 말씀 한 구절이 제 마음에 들어왔습니다.

"사람의 걸음은 여호와로 말미암나니, 사람이 어찌 자기의 길을 알 수 있으랴"(잠언 20:24).

그 말씀이 생각난 순간, 마치 뒤통수를 한 대 얻어맞은 것 같은 충격을 받았습니다. 저는 두 손 두 발 다 들고서 고백했습니다.

"아, 주님! 제 인생은 제 것이 아니었군요. 제 인생은 주님의 것이었군요. 이제부터 주님이 인도하시는 대로 따라가겠습니다."

그날의 선명한 깨달음은 '내가 하나님을 위해 뭘 하겠다'라는 생각 자체가 얼마나 오만한 것이었는지에 대한 것이었습니다. 저는 마음속에서 저울질하던 모든 것을 내려놓고 신학교에 진학하게 되었습니다. 신학교 1학년 1학기를 마치고 간 베트남 단기선교 현장에서, 또 한 번의 놀라운 부르심을 받았습니다. 예수전도단 DTS(Discipleship Training School) 훈련을 받기 위해 제주도 열방대학으로 가라는 강력한 부르심이었습니다. 그때 그 부르심을 거절했다면 지금의 저는 존재하지 않았을지도 모릅니다. 왜냐하면 거기서 저는 제 인생의 두 번째 터닝 포인트, 즉 또 다른 하나님 아버지를 만났기 때문입니다. 그곳에서 저는 주님이 얼마나 섬세하시고, 제 곁에 가까이 계시며, 사랑이 많으시고, 또 하고 싶은 말씀이 많은 분이신지를 처음으로 깊이 체험했습니다.

'하나님의 음성을 듣는 삶'을 기초로 하는 그 공동체에서, 저는 새로운 세계를 경험하게 되었습니다. 이제는 '내가 무엇을 하겠다'가 아니라, '주님께서 내게 원하시는 것이 무엇인지'를 묻고 들어야 하는 복음의 본질을 깨닫게 된 것입니다.

주님은 한 걸음 한 걸음 섬세하게 인도하셨고, 저는 그 발걸음을 따라가며 '하나님 아버지의 마음'을 조금씩 더 깊이 알게 되었습니다. 결과적으로 DTS 훈련을 마친 뒤, 저는 중보기도학교 동료들과 함께 태백산 정상에서 텐트를 치고 40일 동안 24시간 나라와 민족을 위한 기도회를 시작할 수 있었습니다.

네가 낫고자 하느냐

제주도 DTS에서 주님을 깊이 만났던 순간은 지금도 잊을 수 없습니다. 그 시간은 주님과 제가 하나가 되는 온전한 만남의 순간이었습니다. 예배 도중 주님께서 제게 다가오셔서 "예영아, 예영아, 예영아"라고 세 번 부르셨습니다. 그 부르심 앞에 저는 무릎을 꿇고, 쿵쾅거리는 가슴을 붙잡고서 조용히 기다렸습니다. 제 이름을 부르시는 주님의 음성을 들으며, "왜요?"라고 되물었습니다. 당장이라도 주님이 떠나실까 싶어 두려워, 그분을 꼭 붙잡고만 싶었습니다. 그런 저에게 주님은 조용히 물으셨습니다.

"내가 너를 얼마나 오래 기다렸는지 아니?"

그 한마디에 저는 완전히 무너지고 말았습니다. 눈물이 쏟아졌습니다. 그리고 그때, 제 눈앞에 하나의 장면이 펼쳐졌습니다.

눈보라가 휘몰아치는 들판 한가운데 외딴집 한 채가 보였습니다. 그 집 주위를 주님께서 계속해서 맴돌고 계셨습니다. 문을 두드리셨다가 돌아서고, 또다시 두드리기를 반복하고 계셨습니다. 집 안에서는 "열려 있어요"라고 외치는 듯했지만, 정작 문은 굳게 닫혀 있었습니다. 그때 한 노래가 제 마음에 흘러들어왔습니다.

내 속엔 내가 너무도 많아서
당신의 쉴 곳 없네
내 속엔 헛된 바램들로
당신의 편할 곳 없네
내 속엔 내가 어쩔 수 없는 어둠
당신의 쉴자리를 뺏고
내 속엔 내가 이길 수 없는 슬픔
무성한 가시나무 숲 같네
바람만 불면 그 메마른 가지
서로 부대끼며 울어대고
쉴 곳을 찾아 지쳐 날아온
어린 새들도 가시에 찔려 날아가고
바람만 불면 외롭고 또 괴로워
슬픈 노래를 부르던 날이 많았는데
내 속엔 내가 너무도 많아서
당신의 쉴 곳 없네

그때 저는 깨달았습니다. 지금까지 주님을 위해 일한다고 계획하고 열심히 했던 모든 것들이 실은 '나의 계획'이었음을 말입니다. 제 속에 '내 것'들로 가득 차 있어서, 주님께서 거하실 자리가 없었던 것입니다. 이것은 말로 다 설명하기 어려운, 너무도 깊고 순식간에 일어난 체험이었습니다.

울고 있는 제게 주님께서 다시 말씀하셨습니다.

"너를 위해 계획한 것들이 많단다. 이제부터 나랑 함께하자."

마치 제 안에 가득 차 있던 것들이 통째로 빠져나가고, 주님이 온전히 제 안에 들어오시는 듯한 신비한 체험을 그때 하게 되었습니다. 저는 완전히 비워져 제로가 되는 듯한 느낌을 받았습니다. 그날 이후, 저의 인생 고백은 단 한 가지로 정리됩니다.

"저의 비전은 주님의 얼굴을 구하는 것입니다."

무엇을 하느냐보다 중요한 것은, 매 순간 매 걸음, 주님이 인도하시는 그 길을 걷는 것입니다. 그것이 제 인생의 비전이 되었습니다.

사람들은 살아가며 계획을 세우고 방향을 말하지만, 저의 삶은 언제나 주님의 계획이 우선이어야 했고, 지금도 그렇습니다. 그래서 지금의 저의 삶을 지켜보시는 분들 중에는 제 삶을 이해하기 어려워하시는 분들도 계십니다. "왜 한 가지 일을 하지 않고, 이것저것 여러 가지 일을 하지?" 하고 말입니다. 하지만 저는 압니다. 백퍼센트는 아니지만, 주님께서 그려가시는 큰 그림 속에서 제가 걷고 있다는 것을 말입니다. 그렇게 주님을 인격적으로 만난 저는, 더 이상 '제가 주님을 위해 무엇을 하겠다'는 사람이 아니라, '주님께서 저를 위해 준비하신 길을 걷는' 사람이 되었습니다.

11장

이 땅이 낫기를 원하나이다

38년 된 병자와 한민족

DTS 훈련을 마친 후 2005년 2월 말부터 5월까지 중보기도학교에 들어갔는데, 그곳에서의 매일매일은 주님과의 데이트를 경험한 시간이었습니다. 한 걸음 한 걸음 주님의 인도하심을 따라가는 훈련을 받았습니다.

그러던 가운데, 주님께서 제게 "이 땅을 위해 기도하라"는 엄청난 '기도프로젝트'를 맡기셨습니다. 요한복음 5장의 38년 된 병자를 이 한민족과 동일시하며, "네가 낫고자 하느냐?"라고 물으시는 하나님 아버지의 마음을 제게 부어주셨습니다.

저는 그때 태어나서 처음으로 이 민족과 한반도를 사랑하시는 하나님의 마음 앞에 서게 되었습니다. 그 마음에 순종하여 기도하면서 준비한 기도 프로젝트의 기획서는 A4 30여 장 분량에 달했습니다. 중보기도학교 동료 다섯 명과 함께 '부흥의 불씨' 팀을 꾸려 40일간 다니엘식 금식을 하면서, 빵과 포도 주스로 연명하며 기도회를 준비했습니다. 그리고 2005년 6월 22일부터 7월 31일까지 40일간 강원도 태백산 정상에 텐트를 치고, 태백 지역의 일곱 개 교회와 연합하여 '한반도의 회복, 부흥의 시작'이라는 이름으로 24시간 연속 기도회를 진행했습니다. 한국에 온 지 3년도 되지 않은 시점에 한반도를 향하신 하나님 아버지의 마음을 받아들였고, 그냥 순종해서 시작한 그 첫걸음이 이후 10여 년간 중보기도 사역의 길로 저를 이끌었습니다.

하나님 아버지께서는 남과 북, 서로 다른 체제에서 살아온 이 민족을 한 몸처럼 품고 계셨습니다. 하나님을 공식적으로 거부하고 있는 북녘을 향한 안타까움, 하나님을 알면서도 세속에 물들어가는 남한 교회를 향한 아픔, 그리고 원수가 되어버린 형제들을 바라보며 가슴 아파하시는 하나님의 마음이 저에게 깊이 전해졌습니다. 그래서 간절히, 눈물로 기도할 수밖에 없었습니다. 그로부터 20년이 지난 지금, 안타깝게도 현실은 크게 달라지지 않은 것 같습니다. 오히려 교회는 더욱 세속화되고, 복음이 중심이 되어야 할 자리에 이념과 세상의 논리가 대신 자리하고 있습니다. 그러나 하나님은 지금도 우리에게 물으십니다. "네가 낫고자 하느냐?"

38년 된 병자가 주님의 그 질문에 응답했을 때 고침을 받았습니다. 주님이 아무리 물으셔도 우리가 대답하지 않으면, 주님 앞으로 나가지 않으면 변화는 일어나지 않습니다. 아니, '낫기를 원하느냐?'고 물으시는 주님의 음성을 듣지 못하는 경우가 어쩌면 더 많을지도 모릅니다. 그렇다면 깨어 있는 그리스도인들이, 목회자들이 이제 주님 앞에 나아가 간절히 외쳐야 합니다.

"하나님, 너무 아픕니다. 우리가 정말 낫기를 원합니다. 아버지, 우리를 불쌍히 여겨주세요. 우리를 고쳐주세요!"

조선을 사랑하시는 아버지

2006년 여름이었던 것 같습니다. 어느 대형교회에 강사로 초대되었습니다. 공동체 멤버들과 함께 그 교회에 갔는데, 갑자기 다음 주에 강의하기로 하신 분이 제가 강의하기로 한 그날에만 시간이 된다고 하셨다는 겁니다. 교회에서 난감해하며 양해를 구했습니다. 당일 교회에 가서 일어난 일이었지만, 어쩔 수 없었습니다. 나오려고 하는데, 성령께서 그 강사의 강의를 들어야 한다는 마음을 강력하게 주셨습니다. 나오던 발걸음을 돌려 다시 들어가 강의를 듣게 되었습니다.

강의가 시작된 지 얼마 안 되어, 너무나 놀라운 광경을 보게 되었습니다. 강사님은 어떤 장로님이셨는데, 대뜸 회중을 향해 이런 말을 하는 것이었습니다. "여기 있는 사람 중에, 반미하는 사람들은 모두 회개하세요! 정신 차리세요!" 그러더니, "우리가 미국에게 입은 은혜가 얼마나 큰데 반미를 합니까?"라며 야단까지 치셨습니다. 성도님들은 일제히 '아멘, 아멘!'을 연발하며 화답했습니다. 저는 순간 자리에서 벌떡 일어나 소리를 지를 뻔했습니다. 하지만 성령님의 강력한 막으심이 있는 걸 느꼈고, 꾹 참고 앉아 기도하게 되었습니다.

그리고 일주일 뒤, 제가 강의하는 날이 되었습니다. 지난주의 충격이 가시지 않은 저는 지난 주 강사님의 발언이 왜 성경적이지 않은지 언급하고 싶은 마음이 컸습니다. 그런데 강대상에 서자마자 성령님의 은혜가 저를 덮었습니다. 갑자기 제 입술에서 찬양이 나오게 하시고, 가사를 바꿔 부르게 하셨습니다. "당신은 사랑받기 위해 태어난 사람"이라는 찬양을 "조선은 사랑받기 위해 태어난 민족"으로 바꿔 부르기 시작했던 것입니다. 저의 무릎을 꿇리시고, 인간적으로 할 수 없는 고백을 하게 하셨습니다. 그런 다음, "죄송합니다. 북한 위정자의 잘못된 판단으로 한국전쟁을 일으키고, 그 전쟁으로 말미암아 수많은 우리의 아버지, 어머니, 형제자매들이 무고한 피를 흘렸습니다. 너무 죄송합니다. 잘못했습니다. 북한을 용서해주세요"라고 고백했습니다. 그런데 정말 제가 지은 죄처럼 저절로 '잘못했습니다, 죄송합니다'가 연발되었습니다. 눈물이 폭포

수같이 쏟아졌습니다. 때로는 인위적으로라도 묶임을 풀기 위해 기도해야 하는데, 이날은 성령님의 임재하심으로, 전심으로 우러나오는 '동일시기도'를 하게 된 것입니다.

그렇게 무릎 꿇고 앉아서 울고 있는데, 세 분 정도가 강단으로 오더니 저의 목을 끌어안고서 울며 고백하셨습니다. 그 중 두 분의 고백은 지금도 잊을 수 없습니다. 한 분은 자신의 아버지가 6·25 때 참전하셨다가 돌아가셨다고 하셨습니다. 그래서 북한을 너무 미워했는데, 이제는 온전히 남과 북이 하나가 되도록 기도하겠다고, 북한을 용서하겠다고 고백하셨습니다. 다른 한 분은 이유는 모르겠지만, 북에서 온 저 같은 사람들을 너무나 미워했다고 하셨습니다. '저것들이 왜 한국에 와서 우리들의 세금을 축내고 사는지 모르겠다. 정말 싫다.' 이렇게 생각했는데, 그랬던 자신을 회개한다고, 정말 죄송하다고, 이제는 북에서 온 분들을 축복하며 기도하겠다고 고백해주셨습니다. 얼마나 놀라운 일입니까! 그때 부둥켜안고 울며 기도했던 일을 어떻게 잊을 수 있겠습니까.

이 일을 통해 저는 하나님께서 북한을 얼마나 사랑하시는지를 깊이 깨닫게 되었습니다. 하나님은 남한만이 아니라 북한도 동일하게 사랑하는 분이셨습니다. 그래서 서로를 미워하고 증오하던 이 민족의 얽힌 감정들을 풀어내기 위해, 부족하기만 한 저를 사용해주셨던 것입니다.

그 장로님의 "반미하는 사람들은 회개하라"는 발언 안에는 이 민족이 품고 있는 오랜 상처와 분열의 역사가 담겨 있었습니다. 저는 그 상처를 정죄하거나 반박하기보다, 하나님의 마음으로 바라보게 되었습니다. 하나님께서 진정 기뻐하시는 것이 바로 형제가 화해하고 하나 되는 일임을, 저는 그날 무릎 꿇고 눈물로 고백하며 배웠습니다. 서로를 향한 미움과 오해를 넘어, 그리스도의 십자가 사랑으로 이 민족이 하나 되기를 기도해야 한다는 부르심이 제 마음 깊이 새겨졌습니다.

위장간첩으로 몰리다

또 하나의 큰 사건이 있었습니다. 2011년,《통일코리아를 세우는 100일 기도》책을 5천 부 인쇄했고, 약 1,700권 정도가 남아 있던 시점이었습니다. 함께 중보기도 사역을 동역하던 북한사랑 큐티진의 발행인이셨던 오성훈 목사님께서, 이 귀한 중보기도 자료집을 더 많은 그리스도인들이 접할 수 있도록 표지를 바꾸어 정식으로 출판하자고 제안해 주셨습니다. 그래서 2011년 12월 12일, 책이 새 옷을 입고 세상에 나가게 되었습니다.

하지만 기쁨은 오래가지 못했습니다. 다음 해인 2012년 2월, 한 단체의 대표가 이 책의 내용을 두고 '위험한 책'이라고 연재 칼럼을 쓰기 시작했습니다. 동시에, 북한사랑 큐티진에 1년간 기고했던 저의 칼럼이 또 다른 기자의 기사를 통해 도마에 올랐습니다. 그러면서 제가 졸지에 '위장간첩'으로 몰리는 믿기 어려운 상황이 벌어졌습니다. 국정원에서까지 전화가 올 정도였으니까요.

대한민국에 이념 갈등이 심한 건 알고 있었지만, 직접 그 한복판에서 그걸 경험하게 되니 그 파장은 상상 이상이었습니다. 악성 댓글은 물론이고, 그 책으로 기도하던 수많은 분들이 흔들리기 시작했습니다. 출판사 대표님과 함께 기자회견을 열자고 논의까지 했지만, 놀랍게도 하나님께서 강하게 막으셨습니다. 저는 이해할 수 없었고, 속이 문드러지는 10개월을 보내야 했습니다. 그 시간은 철저히 '십자가' 밑에서 침묵하고 주님의 뜻을 헤아려야 하는 시간이었습니다.

그 시기에 저는 왜 연예인들이 악플과 루머로 인해 생을 마감하는지를 간접적으로 경험하게 되었습니다. 절망의 골짜기에서 하나님을 다시 붙들 수밖에 없었습니다. 그때 하나님께서 제게 보여주신 것은, 이 땅에 '두 개의 통일 흐름'이 존재한다는 사실이었습니다. 평화통일을 바라는 흐름과 흡수통일을 추구하는 흐름입니다. 그 두 부류의 흐름에 속한 이들 모두가 이 땅의 백성이며 하나님께서 사랑하시는 사람들입니다. 그들을 비난하고 배제할 것이 아니라, 더 큰 품으로 함께 안아야 한다는 것입니다.

십자가의 사랑은 납득이나 논리로 이해되는 것이 아니었습니다. 입을 닫고 기도하며 보내야 했던 10개월 동안, 저는 정말 깊은 하나님의 마음을 경험하게 되었습니다. 십자가 위에서 자신을 비난하던 이들을 향해 침묵하셨던 주님의 강인함을, 사랑을 배우는 시간이었습니다. 통일의 방식을 넘어 하나님의 뜻 자체를 더 소중히 여겨야 한다는 것을 배운 것입니다. 그리고 그 방법은 오직 사랑과 용서, 화해와 평화를 향한 '십자가의 길'이었습니다.

이후 충격적인 사실을 알게 됐는데, '북한사랑' 큐티진에 실린 제 칼럼을 인용하여 공격했던 기자는 국정원 댓글부대의 알파팀 팀장이었음이 밝혀졌습니다. 순진했던 제가 처음으로 맛보는 섬뜩한 순간이었습니다. 하지만 그 시간을 지나면서, 저는 그들을 향한 분노가 감사로 바뀌는 은혜를 경험했습니다. 그 일이 아니었더라면 결코 깨달을 수 없었을 것입니다. 한반도를 품고 계신 하나님의 마음이 얼마나 깊고 넓은지를 말입니다.

하나님은 통일을 원하시지만, 그 과정에서 한 사람이라도 더 하나님의 방식으로 준비되길 원하셨습니다. 그리고 그 삶을, 저에게 먼저 살아내라고 하셨습니다. 십자가의 사랑으로 평화의 길을 내는 삶 말입니다.

12장

아버지만 있으면 살 사람들

"자살하겠다구요?"

2006년 12월 초 어느 날이었습니다. 신학교에서 공부를 하던 저는 노트북에 뜬 자그마한 뉴스를 빨려 들어가듯 클릭하게 되었습니다. 두 대학생이 동반자살을 했다는 소식이었습니다. 뉴스를 본 이후 저는 자연스럽게 네이버에서 자살 관련 소식과 정보를 검색하기 시작했고, 급기야 '지식인'에 글을 올린 자살시도자의 게시물과 거기에 달린 숱한 댓글들을 접하게 되었습니다.

당시만 해도 지금처럼 '자살'이라는 키워드를 검색했을 때 "당신은 소중한 사람입니다"라는 팝업 창이 뜨던 시절이 아니었습니다. 저는 댓글들을 하나하나 읽기 시작했고, 동반자살을 원한다는 글을 올린 모든 사람들에게 쪽지를 보내기 시작했습니다. 그때 저의 심정은 '단 한 명이라도 살려야 한다'는 간절함뿐이었습니다. 쪽지는 거의 비슷한 내용으로 보냈습니다. "얼마나 힘들었으면 그런 생각을 하셨겠어요? 제가 당신의 고통을 다 공감할 순 없지만, 죽을 땐 죽더라도 죽기 전에 밥 한 끼 맛있게 같이 먹는 건 어떠세요?"

마침내 한 사람과 만나기로 약속하게 되었습니다. 약속에 응한 친구를 만나기 위해 다니던 감리교신학대학교 근처의 육교로 나갔습니다. 그때 본 모습을 저는 평생 잊을 수 없습니다. 몸은 왜소하고 머리를 염색한 한 형제가 약속 장소에 서 있었고, 그의 뒤에서 손을 내밀고 계시는 예수님의 형상이 선명하게 느껴졌습니다. 마치 죽어가는 수많은 영혼들이 이렇게 우리를 향해 손을 내밀고 있음을 보여주듯 말입니다. 그 손을 잡아주기만 하면 되는데, 교회 문턱이 너무 높아져 있고, 우리의 눈이 가려져 그것을 못 보고 있는 것 같았습니다. 눈물이 왈칵 쏟아질 것 같았습니다. 하지만 빨리 만나야 하기에 꾹 참고, 아무렇지 않다는 듯 웃으며 그에게 다가갔습니다. 우리는 함께 식당으로 들어가 맛있는 밥을 먹었습니다.

그 형제는 다리를 약간 저는 장애를 갖고 있었는데, 처음엔 일부러 아무 말도 하지 않았습니다. 식사 후 티타임을 가지며 자연스럽게 대화를 이어가다 다리 이야기를 꺼냈는데, 그 부분이 그에게 깊은 콤플렉스라는 사실을 알게 되었습니다.

이야기를 마치고 나서야 이 친구가 집도 없고 갈 곳도 없는 상황임을 알게 되었습니다. 사실 여기까지는 생각하지 못했습니다. 하지만 갈 곳 없는 그를 그냥 보낼 수는 없었습니다. 신학생 신분으로 생계비를 받고 있었지만, 제 통장에 있던 돈을 털어 신학교 앞 고시원의 방 하나를 빌려 한 달간 지낼 수 있게 해주었습니다. 그가 고시원에 들어갈 때, 서점에서 산 성경책 한 권을 아무말 않고서 선물이라 말하며 손에 쥐어주었습니다.

이렇게 시작된 자살시도자들과의 만남은 계속 이어졌습니다. 한 명, 두 명, 더 만나게 되었고, 개인적인 도움만으로는 해결이 어렵다는 사실을 차츰 깨닫게 되었습니다. 결국 제가 운영하던 기도모임 CO-GKB(하나님의 나라를 세우는 사람들의 공동체)의 멤버들과 상의하게 되었습니다. 멤버들이 자신들의 귀한 공간을 기꺼이 내어주어 남자와 여자가 각각 머물 수 있는 숙소를 마련하게 되었습니다. 낮에는 공부와 사역을 하고, 밤에는 자살시도를 하려는 친구들과 대화를 나누고, 그들을 만나기 위해 여기저기를 운전하며 다녔습니다. 자살을 고민하는 친구들은 '대인기피증'이라는 공통점을 갖고 있어서, 대부분 낮에는 움직이지 않고 밤에만 활동했기 때문입니다.

한 번은 이런 일도 있었습니다. 한 여성과 온라인으로 대화를 나누던 중, 그녀는 제 제안이 믿기지 않는다며 "약속 장소에 실제로 나타나면 그때 믿겠다"고 했습니다. 그녀는 인터넷에서 이런 진심을 가진 사람을 본 적이 없다고 하면서도, 우선 직접 만나지 못하는 두 가지 이유를 들었습니다. 하나는 자신처럼 죽겠다고 글을 올리면 대부분의 반응은 야단과 비난이라는 겁니다. 또 하나는 당시 사이버 경찰이 위장해서 유인하고 잡아간다는 소문이 있어서 저를 믿을 수 없다고 했습니다. 하지만 저는 생명을 살려야겠다는 간절함이 너무 커서 새벽 3시고 4시고 상관없이 뛰어나갔습니다. 당시에는 스마트폰이 보편화되지 않았기 때문에 약속 장소에 갔다가 보이지 않으면 근처 PC방에 들어가 인터넷에 접속해야 대화를 이어갈 수 있었습니다.

결국 그 여성은 약속 장소에 나타나지 않았고, 저는 근처 PC방에서 쪽지를 보냈습니다. 뜻밖의 회신이 돌아왔습니다. "정말 나오실 거라고는 상상도 못 했어요. 그런데 진짜로 나와 계신 걸 숨어서 봤습니다. 나와주신 것만으로도 큰 위로가 되었고, 저같이 일면식도 없는 사람이 살기를 원하시는 분이 계시는 걸 알았으니, 이제 살 수 있을 것 같아요. 정말 감사합니다."

이외에도 약속 장소를 두세 번이나 바꾸는 사람도 있었고, 참 별의별 일이 많았습니다. 그렇게 7개월 동안 약 15명 정도의 10대에서 30대 청년들을 만나 밥을 먹고 대화하며, 제 생애에서 가장 의미있는 시간을 보내게 되었습니다. 기도회 멤버들과 함께 먹을 것을 준비하고, 쉴 수 있는 공간과 최소한의 안전을 제공했습니다. 그들 한 사람 한 사람이 안고 있던 삶의 무게는 무겁다는 표현만으로는 부족했습니다. 마치 첩첩산중 가운데 있거나, 보이지 않는 거대한 벽 앞에 서 있는 듯한 느낌이었습니다. 이들을 살리려면 주먹구구식으로 해서는 안 된다는 것을 서서히 깨닫게 되었습니다.

손만 내밀면 살 수 있는 영혼들

이들과 대화하고 시간을 보내면서, 자살 이유의 공통점을 세 가지 정도 발견하게 되었습니다. 첫째, 깨어진 가정에서 자란 이들이 가지게 된 일그러진 마음과 왜곡된 삶의 방식이었습니다. 둘째, 사회로부터 외모로 인해 무시받는 것에 대한 깊은 상처와 분노가 있었습니다. 셋째는 경제적인 문제였습니다. 자신이 무엇을 잘하는지도 모르고, 안정적인 일자리를 가지는 것도 어려운 현실 속에서 스스로를 무가치하게 느끼고 있었습니다.

결국 저는 '한 사람'을 살리기 위해서는 단순한 선의 이상의 무엇이 필요하다는 사실을 발견하게 되었습니다. 가장 중요한 교훈은 '손만 내밀면 살 수 있는 영혼들'이 너무 많다는 것을 발견한 것이었습니다. 그리고 사회적으로는 전인적 회복 시스템, 인프라, 공동체가 필요하다는 결론에 이르게 되었습니다. 심리상담, 적성 개발, 건강 케어, 신앙교육과 다양한 교육, 자립 지원 등, 모든 것이 함께 준비되어야 진짜 삶의 변화가 시작될 수 있음을 알게 되었습니다. 그 거대한 시스템을 구축해서 사역하기엔 당시 신학교 2학년 생이던 저로선, 그것도 한국에 온 지 4년밖에 되지 않았던 31살의 저로선 온전히 감당하기가 역부족이었습니다. 그래서 저는 그 사명을 마음에 품기로 했습니다. 지속적으로 이들을 도울 수는 없었지만, 언젠가 힘이 생기면 사회의 사각지대에 있는 이들을 품을 수 있는 시스템을 꼭 만들고 싶다는 꿈을 가지게 되었습니다.

그런데 그로부터 5년 뒤인 2012년, 북향민들의 자살률이 훨씬 높다는 또 다른 현실에 부딪히게 됩니다. 이 일들을 겪으면서, 제 마음 깊은 곳에 남은 생각은 이것이었습니다.

'이들에게 든든한 울타리가 되어줄 아버지 한 명만 있었어도, 이들이 버텨내지 않았을까?'

이 아이들을 만나면서 놀라웠던 것은, 단 한 명도 온전한 아버지를 둔 아이가 없었다는 사실이었습니다. 가정에서 아버지는 그 존재만으로도 든든함과 안정감을 주는 버팀목이어야 할 텐데, 제가 만난 아이들 대부분은 깨어진 가정에서 자랐거나, 심지어 부모의 여러 번의 재혼 속에서 혼란을 겪고 있었습니다. 편부모 가정이거나, 입양된 아이들도 있었습니다.

생각해 보면, 저 역시 26살 때 한국에 와서 남편을 만나기 전까지는 홀로 살아온 셈이었습니다. 그 시절 제게 가장 큰 버팀목은 하나님 아버지셨습니다. 그분이 주신 든든함과 위로는 말로 표현하기 어려운 내적인 강함이 되었고, 그래서 저는 이 아이들에게도 그 하나님 아버지를 꼭 소개하고 싶었습니다. 그러나 더 안타까운 것은, 이 아이들에게 아버지가 있다고 해도 대부분 하나님 아버지를 모른다는 사실이었습니다. 그분의 사랑을 모르는 세상의 아버지들, 그리고 그 아래에서 자라난 아이들을 바라보며, 저는 복음이 얼마나 절실한 것인지 새삼 깨달았습니다. 결국 제 마음 깊은 곳에 한 가지 소원이 자리 잡았습니다. 이 땅의 모든 이들이 하늘 아버지를 만나기를, 그분을 알고 진짜 아버지의 품으로 돌아오기를 말입니다. 그분은 결코 그들을 고아로 버려두지 않으시는, 진짜 아버지이시니까요.

최고의 것을 주기 원하시는 아버지

제가 처음으로 만난 자살시도자였던 임 모 형제에 관한 이야기입니다. 그를 제가 다니던 감신대 앞 고시원에 들여보내고, 일주일에 한 번 있는 저의 모임에도 초대했습니다. 낯을 가리긴 했지만, 그래도 모임에 곧잘 참석했고 좋아했던 것 같습니다. 성경도 선물했지만 읽으라고 강요하진 않았는데, 신기하게도 스스로 열심히 읽고 있었습니다. 어느 날은 핸드폰에 제 이름을 '구세주'라고 저장해놓은 걸 보고 깜짝 놀랐습니다. "구세주는 예수님이시지! 내가 절대 아니야! 당장 지워!" 하고 야단을 쳤습니다. 그래도 웃으며 "구세주 맞는데" 하고 장난칠 정도로 많이 가까워졌습니다.

그러던 어느 날, 이 형제가 제게 고데기를 하나 사줄 수 있냐고 부탁을 해왔습니다. 사실 속으로는 좀 의아했습니다. '여자인 나도 잘 안 쓰는 고데기를, 머리숱도 많지 않은 남자가 왜 필요할까? 멋에 신경 쓰는 친구인가 보다' 싶었습니다. 그날은 인터뷰 영상을 찍고 돌아오던 길이었는데, 전자상가에 들러 고데기를 고르다가 깜짝 놀랐습니다. 생각보다 가격이 꽤 비쌌기 때문입니다.

제가 이 형제를 처음 만났을 때는 단지 밥 한 끼 같이 먹으며 '살아갈 용기'를 내라고 격려해주고 싶었을 뿐이었습니다. 그런데 갈 곳이 없는 그를 통장의 돈을 모두 털어 고시원으로 들여보내고 나니 당연히 돈이 얼마 없었습니다. 고데기를 사주기로 했지만, 제 상황도 넉넉하지 않아 더 싼 제품을 찾아보기로 했습니다. 그래서 지하철을 타고 다른 매장으로 이동하는데, 뜻밖의 일이 벌어졌습니다. 자리에 앉아 있는데, 제 뒤통수 너머로 누군가 속삭이듯 말씀하시는 것 같았습니다.

"너는 내가 원한다면 어떤 것을 샀을 건데?"

깜짝 놀랐습니다. 그리고 눈치챘습니다. 문제는 그 음성에 저도 모르게 "최고로 좋은 고데기요…"라는 말이 흘러나왔고, 동시에 눈물이 쏟아졌다는 것입니다. 평소에는 주님이 원하시면 최고의 것을 드릴 준비가 되어 있다고 자부했거든요. 그 주님은 가장 낮은 자의 모습으로 찾아온다고 성경에 기록되어 있는데, 그걸 잊은 것입니다. 오히려 제 마음 깊은 곳에는 조건과 계산이 앞서 있었던 것입니다. 그 민낯을 주님 앞에서 들켜버렸으니 얼마나 민망하고 죄송하던지요. 고개를 숙이고서 흐르는 눈물을 닦고 또 닦았습니다.

다음 매장에 도착해서 다시 고데기를 보는데, 정말 놀랍게도 아까는 비싸서 망설였던 그 제품이 정확히 1만 원 저렴한 가격에 판매되고 있는 것입니다! 지하철에서 울던 제가, 그 순간엔 웃을 수밖에 없었습니다. 세심하신 하나님 아버지, 얼마나 놀라우신지요. 결국 저는 최고의 고데기를 사서 그 친구에게 선물했습니다.

"기쁜 마음으로 섬기기를 주께 하듯 하고 사람들에게 하듯 하지 말라"(엡 6:7).

이 경험 이후, 저는 마음가짐이 많이 달라졌습니다. 특히 누군가에게 무언가를 줄 때, 내가 쓰기 싫은 것, 오래돼서 낡은 것을 "쓸만하니까"라고 핑계 대며 넘기는 일은 없어야겠다는 원칙을 가지게 되었습니다. 물론 누군가에겐 중고도 꼭 필요한 경우가 있습니다. 하지만 줄 수 있는 최선이 있다면 그 최선을 다해주는 것, 그것이 하나님을 향한 태도이고 사람을 대하는 기본 예의라고 생각하게 되었습니다. 북에서 오신 분들에게도 마찬가지입니다.

남한의 나눔 문화는 따뜻하지만, 때로는 충분한 공감 없이 잘 살피지 않고 물건을 주는 실수를 할 때도 있습니다. 상대의 필요를 먼저 묻고, 그 물건이 진짜 필요한지, 새 것이 아닌 경우에는 더 조심스럽게, 더 겸손하게 나눠야 한다고 생각합니다.

이 일을 겪으며, 저는 누가복음 15장의 아버지를 떠올렸습니다.

집 나간 아들을 기다리며, 아들이 돌아왔을 때 가장 좋은 옷, 가장 좋은 반지, 가장 좋은 송아지를 아낌없이 내어주는 아버지! 그 아버지의 사랑 때문에 탕자는 '아버지의 품'이 어떤 것인지 비로소 알게 되었고, 그 품 안에서 진짜 회복과 치유를 경험하게 되었겠지요.

제가 만났던 '그런 친구들'의 이야기를 다 할 수는 없지만, 처음 만났던 임 모 형제는 컴퓨터 수리 기술을 배웠고, 이후 사장님이 되어 재미있게 일하며 산다는 소식을 들었습니다. 지금은 포항에서 형님이 하는 사업을 도우면서 일하고 있습니다. 정말 감사한 일입니다.

이 외에도 제가 경험한 우리 아버지의 사랑과 선물은 참 많습니다. 하늘 아버지는 참으로 우리에게 가장 좋은 것을 주고 싶어하시는 분이십니다. 우리는 그저 돌아가기만 하면 됩니다. 아버지는 언제나 그 자리에서 우리를 기다리고 계시니까요. 방황하는 많은 분들이 이 아버지를 만나면 좋겠습니다.

13장

남에서 만난 새 아버지

미제승냥이가 내 아버지가 된다고?

2005년 2월, 제주도 열방대학의 중보기도학교에 들어가기 전, 평소에 존경하던 부흥한국의 고형원 선교사님으로부터 식사 초대를 받았습니다. 한국에 온 지 얼마 되지 않았을 때부터 인연을 이어오던 고 선교사님의 초대였기에 반갑게 응했습니다. 그 자리에 한국말을 아주 잘하시는 미국 출신의 선교사님 부부가 함께 계셨습니다. 초면이기도 하고 분위기도 조심스러워 몇 마디만 나누고, 식사 후 기도회 장소로 갔습니다. 그곳은 지금은 사랑의교회 갱신공동체가 사용하고 있는 서초동의 사랑의교회 본당이었습니다. 그리고 아마 기도회 끝자락 즈음이었던 것 같습니다. 갑자기 대학부 담당 목사님께서 식사 자리에서 함께했던 선교사님 부부를 앞으로 부르시더니, 저도 함께 앞으로 나오라고 하시는 겁니다. 순간 당황했지만, 앞으로 나간 저는 제 마음 깊은 곳을 꿰뚫고 계신 하나님을 또다시 체험하게 되었습니다.

당시 저는 DTS 훈련을 마치고 중보기도학교에 들어가기 전이었는데, 하나님께서 백두산으로, 그것도 김정일 위원장의 생일인 2월 16일에 저를 부르신 상황이었습니다. 북한에서는 백두산을 '혁명의 고향집'이라고 부르면서, 김정일의 생일을 대대적으로 우상화하고 김정일을 하늘이 낸 인물처럼 교육하거든요. 그런데 하필이면 제 생일이 2월 16일입니다. 북한에서 살던 시절엔 많은 이들이 그 생일을 부러워했지만, 저는 개인적으로 불만이 컸습니다. 제 생일이 북한의 4대 명절 중 하나에 묻혀버려 제대로 된 생일 축하를 받아본 적이 없었기 때문입니다. 당시 북한의 4대 명절은 김일성 생일(4월 15일), 김정일 생일(2월 16일), 조선로동당 창립일(10월 10일), 조선민주주의인민공화국 창립일(9월 9일)이었습니다.

그래서 제가 한국에 와서 가장 해보고 싶었던 일이 바로 '내 생일에 온전히 생일 축하를 받는 것'이었습니다. DTS 훈련 중에도 다른 동기들이 생일 축하받는 모습을 볼 때마다 그렇게 부러울 수가 없었습니다. 그런데 하나님께서 굳이 제 생일에 백두산으로 저를 보내신 이유에는 영적으로 분명한 의미가 있음을 알면서도, 제 마음에는 살짝 투덜거림이 있었습니다. 그런 제 마음을 아신 우리 아버지 하나님께서 목사님을 통해 서프라이즈 축하를 해주신 것이었습니다.

"박예영 자매가 자기 생일에 나라와 민족을 위해 기도하기 위해, 이 추운 겨울에 백두산으로 간다고 합니다. 잘 다녀오도록 기도해주고, 모두 함께 생일을 축하해줍시다."

그 말이 끝나자마자, 본당에 가득한 사람들이 생일 축하 노래를 불러주었습니다. 감격이 밀려왔습니다. 그뿐 아니라, 식사 자리에도 계셨고 저와 함께 앞으로 나온 선교사 부부가 바로 예수전도단(YWAM)의 설립자 오대원 목사님과 엘렌 사모님이셨다는 걸 알았습니다. 오대원 목사님은 당시 칠순이셔서 축하해드린다고 앞으로 모신 것이었는데, 졸지에 저도 그 사이에서 함께 생일 축하를 받은 것입니다. 정말 특별하고 강렬한 순간이었습니다.

이후 백두산을 은혜 가운데 다녀오고, 제주에서 열린 중보기도학교에 입학했습니다. 2주차가 되었을 즈음, 오대원 목사님께서 강사로 제주에 오셨습니다. 평양을 다녀오신 직후였다고 들었습니다. 저를 보시더니 반갑게 인사하시며, '바이블 네임'이 있느냐고 물으셨습니다. 없다고 하자, 하나 지어주어도 괜찮냐고 하셔서 너무 좋다고 대답했습니다. 다음 날, 목사님께서 '테레사'는 어떠냐고 하시는데, 저는 너무 놀라 단칼에 거절했습니다. 그 유명한 마더 테레사처럼은 도저히 못 살 것 같았기 때문입니다. 그랬더니 웃으시며, "예영 자매는 결혼은 하니 걱정마세요"라고 농담을 하시는데, 얼마나 웃었는지 모릅니다. "전 이미 주님과 결혼했습니다. 하지만 마더 테레사처럼은 절대 못 삽니다"라고 고백드렸지요.

오 목사님은 다시 기도해보시겠다고 하시더니, 며칠 후 또다시 '테레사'라는 이름을 말씀하시는 겁니다. 제가 다시 왜 테레사냐고, 이번에도 싫다고 말씀드렸더니, 그제야 진지한 표정으로 말씀하셨습니다.

"내가 말한 테레사는 마더 테레사가 아니라 '아빌라의 테레사'입니다. 마더 테레사도 바로 그 '아빌라의 테레사'를 존경해서 이름을 따온 거예요."

그러시면서 한번 더 기도해보겠다고 하시더군요. 그제야 저는 조금 마음 문이 열려 기도해보겠다고 말씀을 드렸습니다. 그리고 목사님께 정말 '테레사'라는 감동이 있으시다면, 저도 그 분이 어떤 분인지 알고 싶다고 말씀을 드렸습니다. 그랬더니 오 목사님께서 이후 그 분에 대한 정보를 이메일로 보내오셨고, 저는 그 내용을 보면서 은근히 저와 닮은 점이 많다는 생각에 웃음이 났습니다.

그리고 그때 놀라웠던 것은, 제가 기도하는 가운데 하나님께서 오대원 목사님은 '조선의 아버지다'라는 감동을 주신 것입니다. 처음에는 이해되지 않았습니다. '미국 사람인데 어떻게 조선의 아버지일 수 있지?'라는 의문이었습니다. 그런데 목사님이 쓰신 책의 내용과 그 분이 걸어오신 한반도 사랑의 반평생 흔적들을 살펴보니, 국적이나 인종을 떠나 정말 하나님께서 그렇게 보실 만도 하겠다는 마음이 들었습니다.

'조선의 아버지'라고 할 만큼, 정말 이 한반도를 사랑하시는 오대원 목사님, 그 분이 세 번이나 기도하고 주신 이름을 저는 받지 않을 수 없었습니다. 그래서 '조선의 아버지'인 오대원 목사님의 '오' 자를 성으로 따서, 제 새로운 이름을 '오테레사'라고 짓게 되었습니다. 그리고 하나님 나라 안에서 저의 '새로운 아버지'로, '영적 아버지'로 오대원 목사님을 마음에 품게 되었습니다. 북한에서 22년을 살면서 '미제승냥이'라 부르며, 한 하늘을 이고 살 수 없는 철천지 원수라 여겨졌던 미국인과 하나님 안에서 '가족'이 되는 기적을 경험한 것입니다. 이건 오직 하나님 나라에서만 가능한 일입니다. 저는 그 하나님의 나라를 간접적으로 맛보았고, 지금도 여전히 그 나라로 깊숙이 진입해가고 있는 중입니다.

오테레사로 살았던 10년

우리가 알고 있는 '마더 테레사'의 본명은 알바니아어로 아녜저 곤제 보야지우(Anjez Gonxhe Bojaxhiu)입니다. 그녀는 수도원 생활을 시작하면서, 16세기에 살았던 '아빌라의 테레사'를 존경해 자신의 이름을 '마더 테레사'로 정했습니다. 저 역시 '아빌라의 테레사'에 대해 관심이 많아 책도 읽고, 무려 10편에 달하는 다큐멘터리 영상을 찾아보았습니다. 그녀는 환상과 신비 체험이 많았을 뿐 아니라, 17개가 넘는 수도원을 설립한 개혁가이기도 했습니다. 외모는 단아하고 평범해 보이지만, 따뜻한 미소와 강인한 생명력을 지닌 여성으로 자주 묘사되곤 합니다. 그녀의 삶에서 발견되는 수많은 덕목들이 부족한 저 자신에게도 어렴풋이 투영되는 듯해 조용히 고개를 끄덕이기도 했습니다. 물론 저는 '영적 유치원생'에 불과하지만 말입니다.

2005년 중보기도학교에 다닐 당시, 저는 아주 깊이 주님께 빠져 있었습니다. 사랑에 빠진 연인마냥, 정말 달콤하고도 친밀한 시간을 보냈습니다. 생애 처음으로 '달달한' 시간을 보냈던 것 같습니다. 기도학교가 끝나자마자 저는 동역자들과 함께 강원도 태백으로 향했고, 그곳에서 나라와 민족을 위한 40일의 기도 시간을 가지게 되었습니다. 저조차 예측하지 못했던 중보기도 사역의 본격적인 시작이었습니다. 한국에 온 지 3년밖에 되지 않았던 제가 이 땅의 모든 영역을 품고 구체적으로 기도하는 시간을 가지면서, 한국 사회를 깊이, 빠르게 이해하게 되었습니다. 산길을 오르면서 영적 전쟁의 실체를 생생히 체험하며, 한반도를 향하신 하나님 아버지의 마음을 조금씩 체험하기 시작했습니다.

사역단체를 설립할 생각은 전혀 없었지만, 자연스레 2005년 9월 22일 '하나님의 나라를 세우는 사람들의 공동체'(Community of God's Kingdom Builders)라는 이름으로 단체가 세워졌습니다. 이후 매주 모임을 가졌고, 10년이라는 시간 동안 전심으로 중보기도 사역을 감당하게 되었습니다. 그해 여름에 개최한 '한반도의 회복, 부흥의 시작' 기도회는 강원도 지역 교회들과 연합하는 일의 시작이었고, 이후 매년 태백을 중심으로 함께 기도회를 열었습니다. 그러다 2008년 2월, 부흥한국과 AIIM(안디옥선교훈련원 : 지금의 '시애틀 성령의 샘')이 주최하여 시작한 '북한선교캠프'에 참석하여 또 다시 놀라운 비전을 받게 됩니다. (이 캠프는 이후 '통일비전캠프'로 명칭이 바뀝니다.) 처음에는 '북한을 위한 100일 기도'를 시작하라는 하나님의 명령에 순종하여 'NK100일 중보기도'로 시작되었습니다.

'NK100일 중보기도'에서 NK는 'North Korea'의 이니셜이 아닙니다. 기도회가 시작된 지 일주일 쯤 되었을 때, 북한도 남한도 새롭게 되어야 할 'New Korea Season', '새로운 한국의 계절'이라는 세미한 주님의 음성을 듣게 되었습니다. 결국 'North Korea'만이 아닌 'New Korea'가 되어야 하므로, 'New Korea'의 약자라는 의미로 'NK100일 중보기도'를 2012년까지 5년간 진행하게 된 것입니다. 그 시간 동안 하나님께서는 저를 여러 나라로 이끄셨습니다. 한반도가 새롭게 되어 열방을 치유하는 민족으로 부름받았다는 사실을 깨닫게 하셨습니다. 이스라엘, 영국, 미국, 캐나다 등에서, 비록 우리 눈에 보이지는 않지만, 하나님께서는 친히 '뉴코리아'를 디자인해가고 계셨습니다. 특히 NK100일 중보기도 기간에 주셨던 회복의 말씀과 성취의 현장들은 이루 다 말할 수 없는 감격으로 가득 차 있습니다.

2009년에는 해방 전 북한 지역에 존재했던 교회들의 회복을 위해 2,700부에 달하는 기도 달력을 만들어 동역자들에게 배포하고 함께 기도했습니다. 2010년에는 북한의 정치, 경제, 문화, 종교, 교육, 가정, 매스미디어, 과학과 군사 등 8대 영역의 회복을 위해 기도했습니다. 이를 위한 정보를 집약하여, 기도 책자 3천 부를 제작해 배포하기도 했습니다. 2011년에는 '통일코리아를 세우는 100일 기도'로 이름을 바꾸어 명실공히 뉴코리아를 위한 기도를 시작하게 되었습니다. 남과 북의 8대 영역을 비교하고 정리한 기도제목을 담은 책자를 5천 부 만들어 배포했는데, 많은 분들이 이 기도 운동에 동참해주셨습니다. 이렇게 2012년까지 한반도의 회복을 위한 기도회를 진행했습니다. 이후 3년간은 '통일을 살자'라는 주제로, '통일을 준비하는 것'을 뛰어넘어 '통일을 살아내자'라는 구체적 실천으로 기도회를 이어갔습니다. 아카데미와 조중접경지역 선교여행 등 다양한 프로그램을 통해 '어떻게 통일을 살아갈 것인가'를 진지하게 고민하는 시간이었습니다.

100년간 받을 은혜를 그 10년에

2014년 세월호 사건 이후에는 '70일간 세대별 회복을 위한 기도회'를 진행했습니다. 10대부터 70대까지, 무고한 피흘림이 있었던 지역들을 순회하며 세대별로 10일씩 기도했습니다. 무엇보다 이 땅에 하나님을 경외하는 리더십이 온전히 세워지도록 기도했습니다. 안산, 대구, 광주, 제주, 고성, 서울 등지를 돌며, 함께 울고 함께 기도했던 지역교회의 동역자들을 지금도 잊을 수 없습니다.

2015년 초, 계획에 없던 미국으로의 부르심을 받았습니다. 마치 하나님께서 "그동안 수고했다"며 선물로 주시는 듯한 여정이었습니다. 서부에서 중부까지, 섬겨주신 선교사님과 함께 7천 킬로미터를 운전하고 다니며 기도했습니다. 그리고 마침내, 한반도 분단 70주년인 그 해에 저를 미국으로 부르신 이유를 알게 되었습니다. 바로 미국을 축복하며 기도하기 위함이었습니다. 한반도의 허리를 갈랐던, 38선을 긋는 데 직접적으로 참여했던 미국과 러시아, 그 두 나라를 축복해야 할 이유가 분명히 있었던 것입니다.

귀국 후, 한반도의 38선 라인을 따라 기도하며 '분단 70주년 열방축복기도회'를 진행하게 되었습니다. 하나님께서는 한 달에 두 나라씩, 한반도와 역사적으로 얽힌 나라들을 올려드리며 기도하게 하셨습니다. 독일, 이스라엘, 일본, 중국, 유럽, 아프리카, 미국, 러시아, 그리고 다시 한반도까지, 정말 전심으로 민족과 열방을 축복하며 기도드리는 시간이었습니다.

원래는 2015년 12월까지 기도회를 계속할 계획이었지만, 그해 7월에 주님께서 "(해방의 달이지만 분단이 시작된 달이기도 한) 8월로 네 기도 사역은 끝이다"라고 말씀하셔서 적잖이 놀랐습니다. 실은 기도 사역을 한 10년 동안, 느헤미야처럼 무너진 성벽을 다시 세우고 싶은 마음으로 하나님께 투정도 부렸습니다. 언제까지 기도만 하게 하실 거냐고요. 그런데 막상 그만두라는 말씀을 들었을 때는 당황스러웠습니다. 하지만 주님을 깊이 만나고 난 이후 달라진 것이 있다면, 이해되지 않아도 무조건 '순종'하는 것이 제게 그 어떤 것보다 소중한 기준이 된 것입니다. 그래서 그때도 "네"라고 대답하고 모든 사역을 내려놓을 수 있었습니다. 2005년 9월 단체를 세운 이후 2015년 8월까지 정확히 10년이었습니다. 그렇게 마무리될 줄은 상상하지 못했지만, 주님의 인도하심은 언제나 선하고 완전했기에, 그 어떤 후회도 남지 않았습니다.

그해 10월 말, 전혀 예상치 못한 새로운 부르심 앞에 다시 한 번 놀라며, 하나님의 인도하심에 감탄할 수밖에 없었습니다. 정말로 무너진 성벽을 재건하러 저를 보내셨다는 것을 알게 된 것입니다. 그렇게 해서 저는 '오테레사 선교사'라는 이름으로 10년 동안 은혜 가운데 헤엄치듯 중보기도 사역을 감당하며, 한반도와 열방을 품으신 하나님 아버지의 크신 마음을 하나씩 하나씩 제 마음에 담아두게 되었습니다. 이 10년간 제가 받은 은혜는 아마도 100년 동안 받을 은혜를 한꺼번에 받은 것처럼 충만했습니다.

4부

진짜 아버지가 주신 새 가족

14장

새 아버지가 주신 하늘 가족

하늘 가족이 생기다

책 서두에 소개한 '세상에 부럼 없어라' 노래에 반영돼 있는 것처럼, 북에서의 가족은 '대가족' 개념입니다. '우리는 모두 다 친형제'라는 문구처럼, 우리는 어느새 하나가 돼 있습니다. 내 이웃의 아픔과 힘든 일이 나의 일인 것처럼 여겨져 발 벗고 나서게 됩니다. 그래서 북한의 TV에서는 이런 장면을 종종 볼 수 있습니다. 누군가 건설 현장에서 사고로 다치게 되면 앞을 다투어 헌혈합니다. 심지어 뼈 이식을 위해 수술대에 오르기도 합니다. 이런 공동체적 정신은 북에서 매우 숭고한 일로 여겨졌습니다. 혹자는 세뇌되어 그런다고 비난할지도 모르겠습니다. 하지만 그런 일을 기독교의 정신으로 본다면 정말 필요한 행동이지 않을까요? 이런 행동은 대가족 의식에서 나온 것입니다. 그렇게 대가족을 전제로 해서 살고 있는 북한의 공동체 문화도 '고난의 행군' 시기를 거치면서 철저히 개인주의적인 모습으로 돌아간 것을 보기도 했습니다.

나라에서 공급해주는 것이 끊기고, 스스로 장마당에 나가 장사하고, 어떻게든 먹거리를 구해야 했던 그 시간의 한가운데서 저는 알게 되었습니다. 이념이 아무리 크고 거창해도, 사람은 결국 자신이 속한 가족으로 돌아가게 된다는 것을 말입니다. 큰 틀에서는 모두 한 가족이라고 말했지만, 삶의 무게는 고스란히 자기 집의 어깨위에 올라와 있었습니다. 생존본능, 어쩌면 그것은 인간이 가진 가장 기본적인 모습이 아닐까 싶습니다. 제가 사랑하는 가족들을 뒤로하고 북에서 나올 수밖에 없었던 가장 큰 이유도 바로 그 가족들을 살리고 싶은 마음 때문이었습니다.

그렇게 탈북하여 태국에서 하나님을 만났는데, 한국에 오니 교회 공동체에서는 서로를 형제와 자매라고 부르더군요. 낯선 호칭이 처음엔 어색했지만, 적응하는 데 시간이 그리 오래 걸리지는 않았습니다. 저 역시 기도모임을 만들고 운영하면서, 하나님 안에서 '형제, 자매'로 가족같이 지내는 것이 얼마나 좋은지 맛보게 되었습니다. 기도하고 나누고 위하고 돕는 모습 속에서 어떤 의미에서는 피보다 진한 사랑을 경험했고 '가족 이상'의 공동체를 체험하게 되었습니다. 그러다보니 자연스럽게 '영적 아버지'도 생기고, 누군가는 '언니', '형부', '오라버니'가 되어주었습니다.

태국에서 교회를 다닐 때, 제 마음을 깊이 울린 찬양들이 있었습니다. 그중에 유독 은혜가 되는 찬양의 악보에는 대부분 '고형원'이라는 이름이 있더군요. 익숙했던 그 이름의 당사자를 한국에 온 지 1년도 되지 않아 실제로 뵙게 될 줄은 몰랐습니다. 여의도순복음교회에서 설립한 NGO '굿피플'에서 북향민들의 신앙 회복과 정착을 돕기 위해 '굿피플대학'을 운영하고 있었는데, 저는 2003년에 2기생으로 들어갔습니다. 거기에 강사로 오신 고형원 선교사님을 만나게 된 것입니다. 이후 그분을 통해 너무나 귀한 하늘의 가족들을 소개받게 되었습니다.

2005년 2월, 오대원 목사님과 아버지와 딸로서의 연을 맺게 된 다음, 그해 가을에는 뜻밖의 초대를 받아 북경에 가게 되었습니다. 그곳에서 오 목사님과 가족처럼 지내는 피터 양 선교사님과 공동체 가족을 만나 지금까지 만남을 이어오고 있습니다. 그들을 형부와 언니라고 부르며 20년 가까이 이어온 인연은 단순히 정서적인 친밀함을 넘어서는 것입니다. 그분들의 삶과 태도에 녹아있는 '그리스도인다움'을 통해서 배운 것이 큽니다. 그들의 일관된 하나님 사랑과 이웃 사랑의 모범은 자연스럽게 주변을 살리고 있었고, 저와 저의 가정도 그 영향 아래에 있습니다.

2005년, '팔복 시리즈' 영상으로 유명한 김우현 감독님의 인터

넷 홈페이지 '제삼시'에 '부흥소녀, 오테레사'라는 닉네임으로 글을 쓰기 시작했습니다. 그때 제 글을 애독하시던 한 권사님을 만나게 되었습니다. 그 권사님이 직접 연락해주셨고, 그 후로 10년 넘게 제 생일과 특별한 날마다 늘 저를 챙겨주셨습니다. 그렇게 오랜 세월 동안 한결같이, 아무런 조건 없이 챙겨주신다는 것은 결코 쉬운 일이 아닙니다.

제 결혼식 날, 오대원 목사님과 엘렌 사모님이 부모님으로 참석해주시기로 하셨는데, 엘렌 사모님이 건강이 좋지 않으셔서 참석하기 어렵게 되셨습니다. 나이와 형식을 떠나 엄마의 자리에 모시고 싶은 분을 고민했는데, 그때 바로 양선주 권사님이 떠올랐습니다. 양 권사님은 김우현 감독님의 다큐멘터리 《애통하는 자는 복이 있나니》(팔복 시리즈 2편)에 나오는, 태국 빠마이에서 선교하던 중에 하늘로 부름받은 김상렬 형제의 어머니이십니다. 김 형제는 단기선교 중 현지 아이들이 다니던 도로를 닦다가 심장마비로 세상을 떠났고, 그 소식은 많은 사람들에게 깊은 울림을 주었습니다. 이 자리에 다 기록할 수는 없지만, 그렇게 제 곁에 머물러 주신 수많은 '하늘 가족'이 있었기에 제가 여기까지 올 수 있었습니다.

새로운 코리아를 세우는 사람들

2005년부터 2015년까지 10년간, 저는 제 뜻과 상관없이 오롯이 중보기도 사역자로 살아왔습니다. 그동안 중보기도 공동체의 이름을 두 차례 바꾸게 되었습니다. 처음은 2005년 9월에 지은 'CO-GKB'(Community of God's Kingdom Builders)로, 한글로는 '하나님의 나라를 세우는 사람들의 공동체'라는 이름으로 시작한 모임이었습니다. 한글 약칭으로는 '코집'이라고 불렀지요. 사도행전 2장에 나오는 초대교회의 삶을 지향하며, 언젠가는 진짜 공동체로 함께 살아가기를 꿈꾸는 비전을 품고서 붙인 이름이었습니다.

2004년 봄에 감리교신학대학교 신학과 1학년으로 입학한 저는, 뜻밖의 부르심으로 가을학기에 휴학을 결정하고 제주열방대학(예수전도단)으로 들어가게 되었습니다. 그해 9월부터 2005년 1월까지는 DTS(Discipleship Training School) 훈련을 받았고, 이어서 2월부터는 Second School 가운데 하나인 '중보기도학교'에 들어가 3개월간 훈련을 받았습니다. 그 기간 동안 주님은 아주 특별한 방식으로 저를 한 걸음씩 인도하셨고, 결국 기도의 사명으로 주신 것이 바로 태백산에서의 40일 기도회였습니다. 6월부터 7월 말까지 태백산 정상에 텐트를 치고, '한반도의 회복, 부흥의 시작'이라는 주제로 팀원들과 교대로 돌아가며 24시간 릴레이 기도를 올려드렸습니다. 기도제목은 정치, 경제, 사회, 문화 등 대한민국의 8대 영역을 위한 것이었습니다. 전국 각지에서 많은 분들이 휴가를 내거나 일부러 찾아와 나라와 민족을 위해 함께 기도해주셨습니다. 그 뜨거운 여정이 끝난 후, 떠밀리듯 2005년 9월 '코집'을 세우게 된 것입니다.

당시 코집과 함께 했던 청년들은 대부분 대형교회를 다니던 신실한 젊은이들이었습니다. 제게는 한국 사회와 교회를 이해하게 해준 또 다른 하늘 가족이기도 했습니다. 우리는 매주 모여 기도하고, 삶을 나누고, 재정도 함께 흘려보내면서 말씀대로 살아보려고 애썼습니다. 신기하게도, 당시 공동체 안에 북쪽 출신은 저 하나뿐이었습니다. 이 형제자매들과 함께 자살을 시도하려던 청년들을 도왔고, 지하철에서 이단 전도지를 뿌리는 이들을 따라가 수거하기도 했습니다. 이후에도 몇 년간 태백산을 찾아 기도하는 일도 계속되었습니다. 사역의 현장마다 참 살맛나는 삶을 살았던 것 같습니다.

그러다 2008년 2월 '통일비전캠프'에 참석한 다음, 하나님으로부터 NK100일 중보기도라는 새로운 미션을 받게 되면서, 공동체의 이름을 자연스럽게 'NKB'(New Korea Builders), 즉 '새로운 코리아를 세우는 사람들'로 바꾸게 되었습니다. 이 사역은 5년간의 기도 프로젝트로, 분명한 방향과 목적을 갖고 시작되었습니다. 우리는 매년 4월 15일부터 8월 8일까지, 100일 동안 다양한 방법으로 기도회를 진행했습니다. 하나님께서 주신 약속을 붙들고 서로를 격려하며, 똘똘 뭉쳐 기도의 여정을 함께 이어갔습니다. 그 시간 동안, 남편을 포함해 새로운 멤버들이 공동체에 합류하기도 했고, 어떤 이들은 새로운 사역을 위해 떠나기도 했습니다.

이렇게 10년이라는 시간 동안 함께 해준 소중한 하늘나라 가족들은 제게 대한민국을 이해하고 사랑하는 데 도움을 주었습니다. 또한 저의 신앙이 더 깊어지고 성숙해질 수 있도록 곁에서 도와준 든든한 동역자였습니다. 이들이 아니었다면, 제가 과연 하나님의 크신 은혜를 이토록 깊이 깨달을 수 있었을까요? 저는 관계 속에서 기다림을 배웠고, 사랑을 배웠습니다. 제 안의 모난 부분들이 깎이고 다듬어지는 은혜의 시간이 이어졌습니다.

2013년부터 몸담고 있는 통일코리아협동조합의 조합원들 역시 제게 자본주의 대한민국을 여실히 맛보게 한 또 다른 하늘 가족이기도 합니다. 통일코리아협동조합과 함께 보낸 10년은 제게는 '함께 통일을 살아가기 위한 노력의 현장'이자 또 하나의 소중한 공동체 경험이었습니다. 또한 사역하는 동안 다녔던 교회다움교회(민결 목사)와 새생명교회(이재진 목사) 역시 제게 큰 힘과 위안을 주고 격려가 되는 가족공동체였습니다. 이런 공동체의 가족들 외에도, 통일의 여정을 걷고 계신 수많은 사역자들과 하나님의 사람들을 만나 많은 것을 배웠습니다. 해외에 나가서도 한반도를 품은 귀한 분들을 만나 하나님의 사랑과 인내를 배웠습니다. 때로는 말도 안 되는 언론플레이로 저를 '위장간첩'이라고 왜곡하여 극심한 고통을 통과하기도 했지만, 오히려 그 시간은 예수님의 십자가를 더욱 깊이 배운 시간이 되었습니다. 그들 역시 하나님을 믿는 분들이었기에, 결국 제게는 또 하나의 하늘나라 가족이었습니다.

돌아보면, 저는 대한민국에 와서 자본주의 사회에 적응하기에 앞서, 먼저 하나님 나라에 적응하는 훈련을 10년 동안 혹독하게 받은 셈입니다. 그 모든 시간이 저를 연단했고, 다양한 모양으로 주님께서 훈련시켜 주신 것들이 영적 자양분이 되어 오늘의 저를 있게 했습니다. 참으로 감사한 하늘 가족들이 아닐 수 없습니다. 정말 모든 것이 은혜이고, 만남의 시간이 짧든 길든, 스치고 지난 인연들 모두 하늘나라 가족임을 알게 됩니다.

엄마를 10년 만에 만나다

저의 어머니가 한국에 오신 지도 벌써 14년이 되었습니다. 지금 생각해도 정말 꿈만 같은 일입니다. 제가 1997년 2월 첫 탈북한 이후, 딸이 죽은 줄로만 알고 3년간 눈물로 보내셨던 어머니입니다. 그럼에도 불구하고, 딸의 꿈을 듣고서 2차 탈북을 허락해주신 멋진 어머니셨습니다. 어머니의 허락을 받은 저는 2002년 7월 한국에 오게 되었고, 어머니는 2011년 7월, 고생 끝에 한국으로 오셨습니다.

대성공사에서 어머니에 대한 확인 요청이 온 것은 8월 즈음이었고, 하나원에서 어머니를 처음 뵌 것은 9월쯤이었습니다. 남편과 함께 하나원을 찾았을 때, 어머니를 본 순간 말을 잃을 수밖에 없었습니다. 기쁨보다 마음 아픈 감정이 먼저 밀려왔습니다. 그 아픔은 곧 분노로 바뀌었습니다. 10년이면 강산도 변한다지만, 제 눈에 비친 어머니는 너무 늙어 계셨기 때문입니다. 방을 함께 쓰던 어머님들이 "오랜만에 딸을 만나는데 염색이라도 하라"고 권하셔서 머리를 물들이고 오셨다는 이야기를 나중에야 듣게 되었습니다. 당시 겨우 예순이던 어머니는 칠십이나 팔십이 되어 보일 정도로 늙어 보였습니다. 얼마나 속상했는지 모릅니다. 면회 시간도 짧았기에, 오랜만에 만난 기쁨의 눈물도 마음껏 흘릴 수 없었습니다.

어머니가 좋아하시는 게와 몇 가지 음식을 싸가지고 가서 함께 점심을 먹었습니다. 그날 어떤 대화를 나누었는지는 기억이 잘 나지 않습니다. 다만 남편이 처음 만난 어머니를 보자마자 "업어드리겠다"고 하여 업었던 장면은 생생히 기억납니다. 어머니는 당황해하셨지만 이내 웃으며 업히셨고, 그 모습이 아직도 선합니다.

그날 어머니는 무척 마르고 왜소해 보이셨습니다. 훗날 들으니, 한국에 오셨을 때 체중이 38킬로그램이었다고 하시더군요. 그러니 제가 화날 만도 했지요. 제가 화가 났던 이유는, 북에 계실 때 여러 번 보내드린 돈으로 당연히 맛있는 것도 드시고 건강하게 지내셨을 것이라는 기대 때문이었거든요. 그러나 그런 기대와 달리, 어머니의 모습은 너무나 달라 보였습니다. 하지만 나중에 어머니에게 자초지종 이야기를 듣고서 이해하게 되었습니다. 돈이 있어도 살이 찔 수 없었던 것은 아버지와 동생들의 잦은 말썽과 저의 재탈북으로 인한 감시 때문이어서, 심리적 압박이 컸던 것입니다.

어머니의 탈북 여정은 여느 다른 사람들의 여정처럼 정말 영화 같은 과정이었습니다. 혹시 붙잡히게 되면 자살하려는 생각으로 '독약'까지 준비하고 출발하셨다고 합니다. 그렇게 목숨 건 탈북을 결심한 이유는 오롯이 보고 싶은 딸을 못 보고 죽을 것 같은 간절함 때문이었습니다. '살아서 꼭 만나리라' 결심하고 떠난 걸음 위에 수많은 분들의 간절한 중보기도와 후원의 손길, 하나님 아버지의 동행하심이 있어서 성공할 수 있었습니다. 그리고 이제 저와 한국에서 14년을 같이 살고 있습니다.

저는 가족이 모두 한국에 오기를 바랐지만, 결국 어머니만 오시게 되었습니다. 그래서였을까요. 어머니랑 한국에서 함께 사는 것을 부러워하는 북향민들이 많은데, 정작 저는 가족이 다 온 다른 북향민 분들이 부럽기만 합니다.

어느 날, 어머니 집에 놀러 갔는데 이런 이야기를 하시더군요. 도로 변에 위치한 임대아파트를 배정받으신 어머니는 어느 날 밤, 차들이 오가고 강물이 흐르는 창밖을 바라보며 말씀하셨다고 합니다. "이것들아, 나 지금 서울에서 살고 있다!" 하고요. 북에 계실 때 어머니를 괴롭히던 법관들을 향한 속마음의 외침이었다고 합니다.

제가 재탈북한 이후, "너의 딸은 또 어디로 도망쳤냐"며 어머니를 괴롭히던 사람들이 있었다고 합니다. 그런 이야기를 들으며 마음 한켠엔 미안함이 밀려왔고, 또 다른 한켠엔 비록 늦었지만 어머니를 모셔올 수 있어서 천만다행이라는 깊은 안도와 감사가 교차

했습니다.

어머니는 어릴 적부터 절대음감을 지닌 특별한 재능으로, 지금의 평양음악무용대학에 해당하는 음악학원에 선발되어 평양에서 노래와 악기를 배운 경험이 있었습니다. 전쟁 이후, 고아들을 국가 차원에서 보호하고 음악 재능 있는 아이들을 뽑던 시기였다고 합니다. 제7차 당대회를 앞두고 리허설까지 하셨다가, 이유도 듣지 못한 채 고향으로 내려오셨다고 하셨습니다. 그런데 그 이야기가 어머니가 한국으로 오시는 동안 불현듯 떠올랐습니다. 평생 잊고 살던 기억이 필요한 때에 다시 떠오른 것, 그것도 은혜임을 고백하게 됩니다.

50년을 손에서 놓고 계셨다 해도 기본은 남아 있을 거라는 기대를 품고, 어머니가 하나원에서 나오시자마자 전자피아노를 사드렸습니다. 그리고 어머니의 한국행을 위해 함께 기도해주셨던 분들을 모시고 '환갑 겸 귀향잔치'를 열었습니다. 그 자리에서, 50년 넘도록 만져보지 못했던 피아노를 앞에 두고서, 어머니는 '나의 등 뒤에서'라는 찬양을 연주하며 하나님을 찬양했습니다. 얼마나 벅찬 순간이었는지 모릅니다.

지금도 어머니는 북에서 오신 또래 분들과 함께하는 예술단체에서 노래하고, 악기를 연주하고, 춤을 추며 활동하고 계십니다. 비록 우리 가족 모두가 함께 살진 못하지만, 대한민국 서울에서 어머니와 다시 만나 함께 가족으로 살 수 있는 지금 이 순간은 그 자체로 말로 다 표현할 수 없는 감사의 연속입니다.

수십 년을 눈물로 살아오신 남과 북의 이산가족들을 생각하면 지금도 가슴이 미어집니다. 그래서 저는 더욱 더 다짐합니다. 남북통일을 위해 저의 몫 그 이상을 살아내야겠다고 말입니다.

15장

탈북민인가,
북향민인가

고향을 북에 두고 온 사람들

북에서 처음 홍길동 영화를 봤을 때 정말 인상 깊은 장면이 있었습니다. 부패한 권력자들을 응징하는 장면도 좋았지만, 그보다 더 마음에 남았던 건 '아버지를 아버지라 부르지 못하는' 첩의 아들로서의 슬픈 이야기였습니다. 어린 마음에 그 장면이 참 오래도록 여운처럼 남았던 기억이 납니다.

지금 돌아보면, 누구든 살아가면서 자신의 정체성을 찾아가는 여정 속에서 제일 처음 마주하는 질문이 바로 부모라는 생각이 듭니다. 그리고 그 여정 가운데, 우리는 수많은 호칭들로 불리게 됩니다. 어떤 호칭은 우리 삶을 위로해주기도 하고, 또 어떤 것은 우리 존재를 왜곡시키기도 합니다. 그래서 '호칭'이라는 건 결코 가벼운 주제가 아닌 것 같습니다.

제가 한국에 왔던 2002년, 그때만 해도 저희는 대부분 '탈북자'로 불렸습니다. 실제로 제가 '탈북'을 했던 것은 맞기에, 당시엔 그 호칭이 크게 불편하게 느껴지지는 않았습니다. 또한 당시는 주님의 인도하심을 따라 훈련받고 사역에 집중하던 시기였기에 호칭에 크게 신경 쓸 틈이 없었습니다. '내가 어떻게 불리는가'보다 '무엇을 위해 사는가'가 훨씬 더 중요했기 때문입니다. 그때 제게는 명확한 정체성이 있었습니다. 주님의 신부로, 주님의 제자로 살아간다는 분명한 목적이었습니다. 그랬기에 사람들이 어떻게 부르든 흔들리지 않았습니다.

사실 탈북자들이 생기기 시작한 초기엔 '귀순자'나 '귀순용사' 같은 용어로 불리던 시기가 있었습니다. 그러다 90년대 중후반 이후 탈북자들이 대량으로 생겨나면서 '탈북자'라는 말이 일반화되었습니다. 법적 용어로는 1997년 12월 31일에 '북한이탈주민'이 제정되었고, 1998년 4월 1일부터 사용되었습니다. 그런데 이 용어들에는 '탈'에 대한 부정적 이미지가 강했습니다. 그 때문에 2004년 당시 정동영 통일부 장관에 의해 '새터민'이라는 용어가 만들어지게 되었습니다. 하지만 정작 당사자들에겐 잘 받아들여지지 않았습니다. "우리가 새터민이면, 한국 사람은 헌터민이냐?"는 말이 나올 정도였으니까요. 교계에서는 '윗동네 사람, 아랫동네 사람'이라는 말도 쓰이고, '통일민', '자유이주민' 같은 용어들도 간혹 등장했지만 정착되지는 못했습니다.

그러던 2015년, 제 고향 출신 가운데 한 분이 제게 원고 하나를 써줄 수 있냐고 부탁하셨습니다. 무슨 주제냐고 묻자, '북향민'(北鄕民)이라는 호칭에 대한 글이었습니다. 자신이 속한 교회에서는 이미 우리를 '북향민'으로 부르고 있는데, 이 용어가 더 확산되면 좋겠다는 마음으로 글을 부탁하신 거였습니다.

처음엔 생소했습니다. '북향민'이라니? 어감도 낯이 설었고, 입에 쉽게 붙지도 않았습니다. 그래서 정확한 뜻이 뭐냐고 물으니 '북한에 고향을 둔 사람들'이라는 의미라는 겁니다. 또한 자신은 이미 한국에 정착해 살고 있는데, '탈북민'이라고 부르니 계속 탈북중인 것 같아 너무 싫다고 덧붙였습니다. 그러고 보니 '북향민'은 정치적인 색도 없고, 너무 평범하면서도 자연스러웠습니다. 이 표현이 제 마음에 꽤 들었습니다. 고민 끝에 '우리들'의 호칭의 역사를 거슬러 올라가 조사하며, 처음으로 호칭에 대한 부분을 언론에 기고하게 되었습니다. 그 글이《통일신문》에 '탈북민 호칭 대신 북향민은 어떤가요?'라는 제목의 상 · 하편 칼럼입니다. 이후 개인 유튜브와 협동조합을 통해 '북향민 부르기 운동'을 펼치게 되었습니다. 이제는 저변확대가 꽤 되어, 많은 분들이 이 호칭을 자연스럽게 받아들이고 사용해주고 계십니다.

'탈북자', '탈북민', '북한이탈주민'이라는 용어에는 모두 '탈'이 들어 있습니다. 이 '탈'이라는 글자 하나에 들어 있는 부정적 이미지 때문에 많은 이들이 상처를 받았고 부정적으로 이용당한 경우도 적지 않았습니다. 하지만 만약 우리나라가 분단되지 않았다면 이런 호칭이 필요했을까요? 굳이 고향을 물으면 그냥 "부산이요, 경기도 광주요"라고 말하는 것처럼 하면 될 일입니다. 출신 지역에 따라 부르는 호칭이 따로 없는 것처럼 말입니다. 하지만 현실은 다르기에, 누군가 우리를 부른다면 가장 중립적이고 객관적이며, 있는 그대로를 담은 호칭이면 좋겠다는 마음입니다. '탈'을 붙이지 말고요.

그런 제가 아는 어떤 분은 '북향민'이 '북에 고향을 둔 사람들'이라는 의미라면, 사실 기존의 실향민들도 '북향민'인 셈이니 헷갈릴 수도 있다고 하시더군요. 학문이나 자료 정리를 할 때는 명확한 호칭 정리가 중요한 것은 맞습니다. 하지만 넓은 의미에서는 큰 상관이 없다고 생각합니다. 왜냐하면 '실향민'이라는 말이 '고향을 잃어버린 사람들'이라는 아픔을 담고 있다면, '북향민'은 그 고향을 향해 다시 걸어가는 희망을 담고 있다고 생각하기 때문입니다.

2018년 가을, 국회 외교통상위원회 국정감사에 참고인으로 출석했던 저는 우리들의 호칭에 대해 '북향민'을 제안했습니다. 의외로 여야를 막론하고 무소속 의원들까지 모두 긍정적으로 호응해주어 놀랐습니다. 하지만 저의 위치가 이 용어가 바뀔 수 있도록 추진

할 수 있는 것은 아니어서 저변확대에만 집중해 왔습니다. 요즘 설문조사를 해보면 여러 호칭들 가운데 단연 1위로 많이 쓰이고 있는 용어가 북향민입니다. 2025년 통일부의 업무 보고에서도 이 용어가 주로 사용되는 걸 보았습니다.

물론, 여전히 자신의 정체성을 '탈북자'로 규정하는 분들도 계십니다. 그분들의 입장도 저는 충분히 존중합니다. 북한 정권이 싫어서 떠났고, 자유를 택했다는 분명한 이유가 있으니까요. 하지만 평화를 지향하고 통일을 꿈꾸는 우리에겐 그런 정치적인 대립이 담긴 표현보다 서로를 존중하고 품을 수 있는 호칭이 더 좋다고 생각합니다.

'북향민', 처음엔 생소했지만, 이제는 제 마음에 가장 따뜻하게 자리잡은 이름입니다. 그러나 이 모든 호칭을 쓰지 않고 자유로워질 수 있는 상황이 한반도의 통일 아니겠습니까? 통일이 빨리 오면 좋겠다는 마음이 제일 큽니다.

어느 북향민의 죽음을 보고

만약 북향민들이 모여 살아간다면 북향민 공동체라고 할 것입니다. 하지만 제가 이 책에서 말하는 '북향민 공동체'란 어떤 집단이나 단체를 지칭하는 것은 아닙니다. 저의 마음에 담겨 있는, 대한민국과 제3국에 흩어져 살고 있는 모든 북향민들을 일컫는 의미입니다. 제게는 모든 북향민들이 저의 공동체라는 생각이 있습니다. 물론 저는 함께해온 모든 이들이 고향과 출신에 상관없이 저의 가족이고 공동체라는 생각을 해왔습니다. 사실 저의 의지와 상관없이 10년간 중보기도 사역을 하면서, 자연스럽게 관계를 맺고 공동체처럼 지낸 분들은 대부분 한국 출신이었습니다.

2012년 8월 어느 날, KBS2에서 방영된 다큐멘터리 '탈남의 유혹, 외국 가실래요?'를 우연히 보게 되었습니다. 그날 저는 밤새도록 눈물을 멈출 수 없었습니다. 다큐의 첫 장면에 등장한 한 북향민의 죽음 때문이었습니다. 한국에서의 삶이 힘들고 차별의 시선이 싫어 해외로 떠났다가 다시 광주로 돌아온 어느 남성이었는데, 그의 집으로 본인도 모르는 수많은 고지서들이 날아들었습니다. 1억 원에 가까운 빚이 자신도 모르게 생긴 것을 보고서 결국 자살을 택한 것이었습니다.

한때 해외 이주 붐이 일었습니다. 그래서 잘 알지도 못한 채 해외에 나간 분들이 많았습니다. 문제는 브로커들이 그들의 명의를 도용해 각종 불법행위를 저지른 것이었죠. 명을 달리한 그 북향민 역시 자신이 모르는 고급차 할부금과 과속 범칙금을 떠안아야 했는데, 그러기에는 그 액수가 너무나 컸던 것입니다. 미국과 영국 등지로 흩어진 고향 사람들의 이야기를 들으며, 저는 마치 제가 큰 죄를 지은 사람인 것처럼 마음이 무거웠습니다.

'나는 하나님을 믿는 사람으로서 그동안 무엇을 한 걸까? 열심히 중보기도 사역을 해왔지만, 정작 동족들이 이렇게 고통받고 있는 동안 나는 무엇을 하고 있었던 걸까?' 하는 물음이 스스로에게 계속 던져졌습니다. 울면서 기도하던 중, 주님께서 '보금자리'에 대한 마음을 주셨습니다. 누구든지 언제든 돌아올 곳, 쉴 곳이 필요하다는 생각이 들었습니다. 그것은 곧 교회를 의미했습니다. 결국 남편과 기도하며 준비한 끝에 2013년 1월, '행복이넘치는교회'를 개척하게 되었습니다.

'보금자리'란 단지 건물이 아니라, 어려움이 닥쳤을 때 누구든 올 수 있는 '마음의 집'을 말합니다. 사실 저는 이미 그와 비슷한 경험을 했습니다. 2006년과 2007년 자살을 시도했던 남한 출신 청년들을 만난 일입니다. 그때 깨달은 것이 있습니다. 이들이 극단적인 선택을 하는 지점에는 공통적으로 '혼자'라는 절망감이 있었습니다. 돌아올 곳이 없다고 느끼는 순간, 이들은 삶을 놓아버리고 싶어했습니다. 제가 그들과 대화하며 알게 된 또 하나의 공통점은, 죽기로 결심하면 가장 먼저 '주민등록증'을 버린다는 사실이었습니다. 자신의 존재를 세상에서 지워버리고 싶다는 몸부림 같았습니다. 이런 경험을 한 저에게, 다큐멘터리 속의 고향 사람들의 현실은 말할 수 없는 고통으로 다가왔습니다. 그래서 결심했습니다. '무슨 형태든 집을 짓자, 언제든 돌아와 쉴 수 있는 집, 그리고 그 집 안에서 살아갈 힘을 얻도록 돕자'라는 마음으로 시작된 것이 바로 교회였습니다.

2013년부터 3년간, 고향에서 오신 분들과 함께 교회를 운영했습니다. 남편은 이미 '탈북민 정착도우미'로 활동 중이었는데, 돕던 분들이 자연스럽게 교회에 오게 되었습니다. 백석신학대학원에 재학 중이던 남편이 담임전도사로서 사역을 감당했고, 좁은 공간이지만 때로는 교회 공간을 빌려 예배를 드리고, 때로는 저희 집에서 모이기도 했습니다. 그 시기에 저는 감리교신학대학교 신학대학원에서 석사논문을 준비하고 있었습니다.

그때 저희 부부는 아주 중요한 사실을 발견하게 됩니다. 대부분 하나님의 존재를 처음 접하는 분들이었고, 신앙 안에 뿌리내리기까지는 오랜 시간이 필요했습니다. 남편의 지극정성 도움이 고마워 교회에 나오기도 했지만, 일요일에 예배와 생계 사이에서 갈등하는 모습을 많이 보았습니다. 북향민들의 '돈벌이'는 단순히 본인의 생계만을 위한 일이 아니기에, 단순히 돈 문제 때문만은 아니었습니다. 가족을 한국으로 데려오는 데 필요한 거액의 자금을 마련해야 했고, 북이나 제3국에 남겨진 가족에게 보내야 할 돈도 필요했습니다. 그건 말 그대로 삶과 죽음이 걸린 문제였습니다. 신앙보다 생존이 먼저일 수밖에 없다는 그들의 현실 앞에서, 저희 부부는 진지하게 기도했습니다. 어떻게 하면 이들이 돈 걱정 없이 주님을 만날 수 있을까, 그것이 우리의 기도제목이자 숙제가 되었습니다.

그러던 2015년 10월 말, 한창 석사논문을 준비하고 있던 제게 한 통의 전화가 걸려 왔습니다. 제가 이사로서 몸담고 있던 통일코리아협동조합(통협)의 1대 이사장님으로부터, 통협 이사회에서 2대 이사장으로 저를 지목했다는 소식이었습니다. 처음엔 자격이 안 된다고 손사래를 쳤습니다. 하지만 일주일간 기도한 끝에 마태복음 25장의 말씀을 받고 순종하게 되었습니다.

제주도에서 주님을 인격적으로 만난 이후, 제 삶의 방향은 언제나 한결같았습니다. 주님께서 인도하시는 길이라면 이해되지 않아도 순종하며 걸어가는 것입니다. 그래서 10년 동안 중보기도 사역을 감당했고, 주님께서 멈추라고 하신 2015년 8월에 미련 없이 멈추었습니다. 그리고 논문을 준비하던 중, 예상치 못한 통일코리아협동조합의 이사장으로 부름을 받게 된 것입니다.

6년간 '통협' 이사장직을 맡아 일하는 동안, 사업하는 북향민들을 많이 만나게 되었습니다. 통협 이사장이 되기 이전에는 교회를 하면서 우리 북향민들의 삶의 자리를 알게 되었고, 그 연장선에서 북향민 사업가들을 만나면서 더 구체적으로 북향민의 실제적인 삶을 들여다보게 되었습니다. 북향민 사업가들의 성공은 북향민 사회 전체의 안정된 정착과 연결되어 있었습니다. 더 나아가 남북 교류의 연결 고리로서도 너무나 중요한 사명이었습니다.

사회주의 배급 체제로 살아온 이들이 자본주의 대한민국에서 사업을 시작하고 경쟁과 이윤의 논리로 살아간다는 것은 생소함을 넘어 '전쟁'과 같았습니다. 북향민 공동체는 오늘도 대한민국 곳곳에서 그런 숨 가쁜 삶을 살아내고 있습니다. 이 모든 현실 속에서 주님이 주신 '보금자리'의 비전은 여전히 제 안에 살아있고 북향민들은 제 마음속에 가족으로 남아 있습니다.

북향민이 이어가야 할 실향민의 바통

실향민(失鄕民)은 1950년 6·25전쟁 이후 남한으로 피난을 내려왔다가 분단으로 인해 고향으로 다시 돌아가지 못한 분들을 주로 말합니다. 반대로, 남한에 고향을 두고 있지만 내려오지 못하고 북에서 살고 계시는 실향민들도 계시지요. 그에 비해 북향민은 1990년대 중반 북한의 '고난의 행군' 시기를 지나면서 생긴 대규모 아사와 붕괴의 현장 속에서 목숨 걸고 내려온 탈북민들에게 주어지는 또 하나의 이름입니다.

결국 고향이 북에 있는 사람이라면 실향민도 북향민이 될 수 있고, 고향을 가보지 못했다는 점에서 북향민도 실향민의 범주 안에 포함될 수 있습니다. 공통점은 하나입니다. 둘 다 '고향에 공식적으로 갈 수 없는 사람들'이라는 것입니다. 어떤 의미에선 실향민은 탈북 1세대이고, 저희는 탈북 2세대라고도 볼 수 있겠지요. 그리고 그 두 세대를 꿰뚫는 단 하나의 소원은 바로 "고향에 가보고 싶다. 가족을 다시 만나고 싶다"라는 것입니다.

북한에서 저는 '지주와 자본가는 노동자와 농민의 피를 빨아먹는 흡혈귀'라고 배웠습니다. 하지만 이곳에 와서 역사를 새롭게 배우면서 그런 편견이 얼마나 무서운 것인지 조금씩 알아가게 되었습니다. 그중에서도 아주 강렬하게 기억에 남는 사건이 하나 있습니다.

2006년, 기도 사역을 활발히 하던 어느 날, 제가 인도하던 기도회에 미국에서 어느 장로님이 오셨습니다. 그런데 이상하게도 그 장로님은 한마디도 말씀을 안 하시고, 내내 어두운 얼굴로 앉아만 계셨습니다. 알고 보니 그분은 황해도에 고향을 둔 실향민이었습니다. 아버지가 해방 전에 지주였다고 했습니다. 저는 지주 출신 가문의 장로님을 직접 뵌 것도 처음이었고, 그 사실만으로도 생소하고 조심스러웠습니다. 용기를 내어 조심스럽게 말을 건넸습니다.

"장로님, 통일이 되어야 고향에 가보실텐데요."

그러자, 전혀 예상치 못한 답이 돌아왔습니다.

"아니요. 저는 고향에 가지 않을 겁니다."

너무 놀라 다시 여쭈었습니다.

"네? 고향에 안 가실 거라고요? 왜요? 왜 그러신지 여쭤 봐도 될까요?"

장로님은 끝까지 말씀을 아끼셨고, 대신 그 분과 함께 오신 친구분이 말씀해주셨습니다.

해방이 막 되었을 무렵은 장로님이 여섯 살쯤 되었을 때였다고 합니다. 어느 날, 평소 함께 일하던 농민들이 도끼와 곡괭이와 낫을 들고 몰려와 부모님께 "오늘 집을 안 나가면 모두 죽여 버리겠다"

고 윽박질렀다고 합니다. 그들이 그렇게 흥분한 얼굴로 욕설과 위협을 퍼부을 때, 어린 장로님은 마루 밑에 숨어서 그 장면을 전부 지켜보아야만 했다고 합니다. 그날의 충격이 너무 컸고, 농민들의 눈에서 뿜어 나오던 독기어린 눈빛을 평생 잊을 수 없었다고 합니다. 그 기억에서 벗어날 수 없어서, 통일이 되더라도 고향 땅은 다시 밟고 싶지 않다고 하신 겁니다.

그 이야기를 들으니, 제 마음 깊은 곳에서 말로 표현할 수 없는 미안한 마음과 아픔이 밀려왔습니다. 이념의 이름으로, 새로운 세상이란 구호 아래 하루아침에 '원수'가 되어버린 이 민족의 비극 앞에서 아무 말도 할 수 없었습니다. 그 장로님도, 그를 위협했던 농민들도, 어쩌면 모두 그 시대의 희생자였을 텐데 말이지요.

그런가 하면, 피난 중에 총을 맞고도 평생 북한선교를 위해 자신의 생애를 바친 실향민도 계셨습니다. 같은 실향민이지만 너무도 다른 모습으로 살아가는 두 분을 보며, '하나님께서 각 사람에게 주신 은혜와 부르심이 참 다양하구나'를 느꼈습니다.

실향민들의 삶은 사역을 열심히 한다고 해서 존경받고, 그렇지 않다고 해서 존경받지 않는 식의 범주로 볼 것이 아니라고 생각합니다. 그들 모두 평생을 분단 코리아에서 살아내신 것만으로도 정말 박수를 받아야 한다고 생각합니다. 하지만 이제 그런 아픔과 그리움을 간직한 실향민 세대는 너무 많이 이 세상을 떠났습니다. 정말 안타까운 일입니다. 그래서 실향민들을 뵐 때마다, 그들을 생각할 때마다 저는 다짐하게 됩니다.

“이제는 우리가 이어가야 할 때이구나. 북향민이 실향민의 바통을 이어가야 해.”

역사는 이어달리기가 아닐까요? 그 분들이 이루지 못하신 기도와 눈물, 통일에 대한 뜨거운 열망을 이제는 우리가 짊어지고, 복음을 들고서 그 땅에 들어가야 할 사명이 있다고 믿습니다. 단순히 고향으로 돌아가는 것이 아니라, 그 땅의 영혼들을 ‘하나님 아버지의 품으로 데려오는 일’, 그것이 우리 북향민에게 맡겨진 일이라고 믿습니다. 그래서 저는 오늘도 다짐합니다. 정착을 넘어 준비된 통일 세대로서, 남과 북의 상처를 싸매고 평화와 화해의 손을 맞잡게 할 단단한 브리지로서 준비되어야 한다고 말입니다.

실향민들의 아픔이, 눈물이, 소원이 우리 모두의 것이 될 때, 통일 한반도는 한걸음 더 우리 앞으로 다가올 것이라고 믿습니다. 그 실향민들을 생각하며, 오늘도 하나님의 나라를 향해 또다시 한 발 내디뎌야겠다고 말입니다.

16장

통일가정이 시작되다

남쪽 남자의 북녀 꼬시기 전략

북한에서 사는 동안 명확하게 배운 두 주적은 '미제승냥이'와 그 앞잡이인 '남조선 괴뢰도당'이었습니다. 그런데 저는 지금 '미제승냥이' 출신 선교사님을 '아빠'라고 부르며, 그 분의 삶을 통해 하나님의 사랑과 마음을 배웠습니다. 더 놀라운 일은, 또 다른 주적이라고 부른 '남조선 괴뢰도당' 출신의 사람을 제 남편으로 맞이하게 된 것입니다. 상상도 할 수 없었던 일이지요.

남편을 괴뢰도당 출신이라고 말하는 이유는, 그가 ROTC 장교 출신이기 때문입니다. 전남대학교에서 정치외교학을 전공하고 교육대학원에 진학하여 교사가 되기를 꿈꾸던 그는 광주교육대학원에서 조교로 일하던 중에 저를 만나게 되었습니다.

2008년 2월, 제1회 북한선교캠프(통일비전캠프)가 5박 6일 일정으로 열렸습니다. 그해 1월 캐나다에서 받은 은혜를 고형원 선교사님과 나누었는데, "북한 선교 캠프에 북한 출신 강사가 한 명도 없다"며 저에게 간증을 해달라고 제안해주셨습니다. 신학교 복학을 앞두고 있었기에 캠프에 참여할 마음의 여유가 없었지만, 순종하는 마음으로 참여하게 되었습니다.

첫 캠프에는 100명 넘는 사람들이 참석했습니다. 그런데 캠프 첫날부터 눈에 좀 거슬리는 한 남자가 있었습니다. 캠프 분위기가 좀 자유롭기는 했지만, 그래도 추리닝을 입고 돌아다니는 것은 좀 아니지 않나 싶은 생각이 있었거든요. 그런데 그 남자 뒤로 '오빠, 오빠' 하며 졸졸 따라다니는 북한 출신 자매 두 명이 있었습니다. 그래서 더 눈에 띄었던 것 같습니다. 대충 듣기로는 '탈북민 정착도우미'라고 하더군요. 그때는 그저 그런가 보다 하고 넘겼습니다. 당시 저는 주님께 깊이 빠져 있던 때라 어디에도 관심을 둘 여지가 없었거든요.

제 강의가 있던 둘째 날이었던 것 같습니다. 훗날 남편의 고백에 따르면, 그때 제가 강의하는 모습을 보고 한눈에 반했고, '저 사람이 내 짝이다'라는 확신이 들었다고 합니다. 그땐 전혀 눈치채지 못했지만 시간이 지나 기억을 더듬어 보니, 제 강의 중에 맨 뒤에 앉아 저를 바라보던 그의 모습과 자꾸 제 곁을 맴돌던 장면들이 떠올랐습니다.

캠프 중간쯤이었던 걸로 기억합니다. 그날 모든 일정이 끝난 후 몇 명이 모여 캠프에 오게 된 은혜를 나누고 있었는데, 중간쯤에 남편이 합류했습니다. 그런데 제 앞에서 비스듬히 누워 고구마를 까먹고 있는 남편을 보고, 저도 모르게 속으로 중얼거렸습니다.

'아니, 못 생겨가지고, 왜 이렇게 앞에서 이러고 있지?'

평소에 외모로 사람을 판단하는 편이 아닌데, 왜 그런 말이 마음속을 스쳤는지 저도 잘 모르겠습니다. 이 이야기를 하면 많은 사람들이 "진짜요?!" 하며 어이없어 하곤 합니다. 그럴 때마다 저는 웃으며 이렇게 말합니다. "제 눈에 안경이라고 하잖아요?" 물론 지금은 아무리 봐도 잘생긴 남편이라는 걸 100퍼센트 인정합니다. 하지만 첫인상은 정말 그랬습니다.

그때 저는 캠프 첫날 예배 중에 강력한 주님의 임재 안에서 '북한을 위해 100일 기도'를 하라는 명을 받게 됩니다. 며칠 뒤, 함께 기도할 사람들을 모집한다는 공지를 올렸고, 그 소식을 들은 남편은 전라도 광주에서부터 캠프와 기도회에 참석하기 위해 열심을 다해 서울로 올라왔습니다. 그때는 싸이월드 클럽에 관련 공지를 올렸는데, 자처해 '부클럽장'이 되어 이 일을 돕기 시작했습니다. 저는 그냥 정말 열정이 가득한 청년이구나 싶었습니다.

그 무렵, 그가 제게 이상한 문자를 하나 보내왔습니다.

"하나님께서 전도사님이 배우자를 위해 기도할 시간이 없다고 하셔서, 제가 전도사님의 배우자를 위해 기도하겠습니다."

아무리 생각해도 이상했습니다. 저의 배우자를 위한 기도를, 그것도 잘 알지도 못하는 남성이 한다는 것은 말이 되지 않았습니다. 설마 싶었지만 일단은 넘겼습니다. 하지만 광주에서 서울까지 매번 올라오는 모습이 심상치 않아 보였고, 제 성격상 그냥 지나칠 수 없어 단도직입적으로 물었습니다.

"혹시, 그 '배우자'라는 게 지금 저를 놓고 기도하겠다는 의미는 아니시죠?"

그랬더니, 또 애매하게 답합니다.

"전도사님이면 더없이 좋지만, 제가 감히 어떻게 전도사님을…."

이게 긍정인지 부정인지 알 수 없는 상태에서, 어느 날은 자기 생일이라며 서울에 올라온다는 겁니다. 그리고는 저와 데이트를 할 거라고요. 저는 단칼에 말했죠.

"안 만나요. 전 안 나갈 거예요."

그랬더니 상관없다며, 잠은 찜질방에서 자면 된다고 일단 서울로 올라온다는 겁니다. 참, 생일이라는데 안 나가기도 그렇고, 결국 마지못해 만나게 되었습니다. 같이 밥도 먹고, 영화도 봤습니다. 그렇게 저희의 어설픈 첫 데이트가 시작되었습니다. 잊을 수 없는 건, 제가 대게를 좋아한다는 걸 알고는 노량진수산시장에 가서 대게를 쪄서, 스티로폼 박스에 넣어 제가 있던 고시원까지 들고 왔다는 겁

저자 부부가 오대원 목사님 부부와 함께.

니다. 정장 차림에 지하철을 타고, 27살 청년이 사랑하는 이를 위해 그렇게 냄새나는 게를 들고 부끄러움을 다 버리고 왔더군요. 그때 쪄온 대게는 참 맛있었습니다. 큰 점수를 땄지요. 그렇게 처음에는 저를 '전도사님'이라고 부르던 남편이 어느새 저를 '누나'라고 부르게 되었고, 교제하는데 '누나'는 좀 아닌 것 같아 말을 놓자고 제안했습니다. 그 말이 떨어지기 바쁘게 "예영아~" 하고 부르는데, 그런 대목이 심쿵할 일입니까?! '참, 상남자네' 싶었습니다. 우리는 그렇게 만나기 시작했습니다.

하늘의 시간표에 있던 두 사람

남편은 한국의 최북단, 철원 GOP에서 군복무를 했습니다. 그곳에서 북한 병사들을 매일 마주하며 자연스럽게 통일선교에 대한 마음을 품게 되었다고 하더군요. 그러던 어느 날, 하나님께 이렇게 기도했다고 합니다. "하나님, 제가 앞으로 북한선교를 해야 한다면, 북에서 온 자매를 만나 결혼해도 좋을 것 같습니다." 그때가 2007년 중순, 그의 나이 스물여섯이었습니다.

그 무렵은 지금처럼 전국에 하나센터가 생기기 전이라, 북향민을 위한 제도적 지원이 거의 없을 때였습니다. 그런데도 남편은 적십자에서 모집하는 '탈북민 정착도우미'에 지원하여 봉사를 하고 있었습니다. 그렇게 실제로 도우미로 활동하면서 북한에서 오신 할머니도 만나고, '함경도 여자를 만나면 좋다'는 이야기도 들었다고 하더군요. 그리고 2008년 2월, 저를 만나게 된 겁니다. 남편은 기도응답이라 생각하고 좋아했습니다. 남조선 남자의 '결혼 서원 기도'가 하늘에 닿았나 봅니다.

그런데요, 정말 놀라운 건 제 기억 속에 또렷하게 남아 있는 북한에서의 한 장면입니다. 아마 제가 열네 살 무렵이었던 것 같습니다. 한국으로 치면 야간자율학습 같은 시간이었습니다. 북한은 워낙 정전이 잦아, 전기가 나가면 칠흑 같은 어둠 속에서 등잔불을 켜고서 공부하곤 했습니다. 그럴 때면 아이들이 제 주변으로 모여듭니다. 재미있는 이야기를 해달라고 조르는 것이었습니다. 제가 읽었던 책의 줄거리를 말하다가, 거기에 상상력을 더해 이야기를 지어 들려주면 친구들은 혼이 쏙 빠져 들었습니다. 이야기가 끝나면 "더 해줘! 더 해줘!" 하며 아쉬워했지요. 그렇게 자주 이야기꽃을 피우던 어느 날, 제가 주제를 하나 던졌습니다.

"앞으로 어떤 남자한테 시집갈 건지 한번 나눠보자!"

사춘기였고 나름 이성에 관심도 많은 시기였기에, 친구들은 금세 반응했습니다. 한 명씩 돌아가며 얘기하는데, 어떤 친구는 당 간부에게 갈 거라 하고, 어떤 친구는 의사에게, 또 어떤 친구는 배를 타는 선장에게 시집가겠다고 했습니다. 지금 생각해보면 사회주의 시스템이 작동되고 있던 시기였는데도 불구하고, 결국은 다들 잘 먹고 잘 사는 직업을 가진 남편을 꿈꾸고 있었던 겁니다. 이 또한 인간의 본능이 그대로 표현된 장면이었던 겁니다. 그리고 제 차례가 되었습니다. 친구들의 눈이 저에게 쏠렸습니다. 모두 궁금한 눈빛으로 기다리는데, 저는 이렇게 말했습니다.

"난, 통일이 되면 남조선 남자한테 시집갈 거야!"

그 순간, 친구들의 놀란 표정과 함께 교실 안은 폭소로 가득 찼습니다.

"그래 그래, 너는 이제 꼬부랑 할머니 될 때까지 혼자 살라야~."

"에이, 통일이 언제 된다고 그런 말을 하냐?"

그 말도 맞는 말이었습니다. 우리에게 '통일'은 소원이긴 했지만, 정말 먼 얘기였거든요. 그런데 사실 그 상황에서 제일 놀란 건

저 자신이었습니다. 왜냐하면, 그런 생각을 평소에 해본 적이 없었거든요. 사실 제가 평소에 가지고 있던 배우자상은 아주 단순했습니다. 학벌, 신분, 직업, 그런 건 하나도 중요하지 않았고요, 딱 하나, "키 큰 남자!" 그게 전부였습니다. 정확히 말하면, 키가 170센티미터 이상이면 된다고 생각했어요. 부모님의 작은 키를 그대로 닮아 열세 살에 성장이 멈춰버린 제 키가 정말 한이었거든요. 그래서 마음속으로 늘 키 큰 남자와 결혼하리라고 다짐했죠. 그런데 어째서 그런 말이 제 입에서 나왔냐는 겁니다. 그런데 그 어린 날의 단순한 바람이 훗날 철원 GOP에서 북한을 바라보며 기도하던 한 남자와 연결될 줄을 누가 상상이나 했을까요? 심지어 키도 175센티미터나 되거든요.

곰곰이 생각해보니, 북에서 봤던 영화나 방송 속의 '남조선 남자들'이 어쩐지 멋있어 보였던 기억이 떠올랐습니다. 특히 최루탄을 맞으면서도 당당하게 싸우는 대학생들, 민주항쟁의 중심에서 목소리를 내는 사람들에게, 뭔가 이상하게도 끌렸던 것 같아요. 북에서 만든 남한 소재 영화는 주로 '민주항쟁'과 연결된 내용들이 많았는데, 그런 이미지가 제 마음 어딘가에 자리잡고 있던 걸까요? 그런데 실제로 만나 결혼하게 된 남편은 바로 그 민주항쟁의 중심, 전라도 광주에서 태어난 남자입니다. 정말 놀랍죠?

더 놀라운 것은, 저는 열네 살 때 했던 '그 말'을 완전히 잊고 지냈는데, 하필 한국에 오기 직전 태국에 있을 때 '그 말'이 갑자기 떠올랐던 겁니다.

'어머나! 내가 그때 통일되면 남조선 남자한테 시집간다고 했었잖아! 그런데 지금 진짜 남조선 남자랑 결혼하게 될 확률이 많은 한국으로 가네!'

그때 무릎을 '탁!' 쳤습니다. 지금 와서 생각해보면 그 말은 그저 철없는 여자아이의 상상이 아니라 제 안에 계셨던 누군가가 조용히 넣어주신 한마디였던 것 같기도 합니다. 그 모든 시간과 우연 같은 필연, 그리고 말로 다 할 수 없는 신비! 이걸 어떻게 설명할 수 있을까요?

한반도의 끝과 끝, 전라도와 함경도에서 태어난 두 남녀가 만나 사랑을 하고, 사랑 때문에 아파하고 싸우기도 했습니다. 그런데 이제는 '진짜 사랑'이 뭔지 조금씩 알아가며 더 깊고 더 큰 사랑을 배워, 그 사랑을 이뤄가기 위해 함께 살아가고 있습니다.

당신 방식의 사랑 말고

2008년 2월 캠프에서 만난 우리는 장거리 연애를 1년 반가량 하고, 2009년 7월11일 결혼에 골인하게 되었습니다. 결혼한 지가 엊그제 같은데, 벌써 결혼 17년차가 되었습니다. 제가 한국에 와서 싱글로 산 시간의 두 배를 훌쩍 넘겼습니다. 지금 돌아보면 남편의 사랑은 참 꾸준하고 일방향이었습니다. 연애할 때는 시도 때도 없이 사랑한다고 고백했고, 결혼 후에는 잠자리에 들기 전에 꼭 불을 끄고 침대 발밑에 앉아 제 발을 정성을 다해 마사지 해주곤 했습니다. 그런데 그 모든 것들이 당시엔 그다지 큰 감동으로 다가오지 않았습니다. 왜냐하면 솔직히 말해, 제가 그때는 '사랑'이라는 감정 자체를 잘 몰랐기 때문입니다.

저에게 사랑이란 제주도에서 주님을 처음 만났을 때 느꼈던 벅차오름, 가슴이 터질 듯한 설렘, 마치 거대한 우주를 얻은 듯한 감격 같은 것이었습니다. 든든하고 완벽한 울타리가 되어주는, 단단한 기둥 같은 기쁨이었지요. 그런데 남편과의 만남은 뭐라 딱히 표현하기 어려운, 좋지도 싫지도 않은, 그런 느낌이었습니다. 물론 저는 싫은 건 분명하게 선을 긋는 성격이라, 만약 남편이 싫었다면 애초에 만나지도 않았을 것입니다. 그렇지는 않았기에 '일단 한번 만나보자'는 마음으로 교제를 시작하게 된 것입니다. 그 교제 시간 동안 남편은 두 번이나 공개적으로 프로포즈를 했습니다. 한 번은 교제를 시작한 지 얼마 되지 않았을 때 기도회 멤버들 앞에서 했고, 또 한 번은 1년쯤 교제한 뒤 제주도의 큰 집회 현장에서 했습니다.

남편은 나름대로 서프라이즈를 준비한 것이었지만, 저는 사실 마음에 들지 않았습니다. 그래서 무릎을 꿇고 반지를 내밀며 "나와 결혼해주시겠습니까?"라고 고백한 남편에게, 저는 "주님만이 아십니다"라는 다소 엉뚱한 대답을 했던 것입니다. 그때까지만 해도 만나보다가 짝이 아니면 정중하게 헤어지겠다는 마음을 먹고 있었거든요. 그런데 그렇게 공개 프로포즈를 받고 나니 '이제 끝났구나' 싶었습니다. 더군다나 하나님의 음성을 따라 살아오던 제가, 유독 배우자 문제에 대해서만큼은 아무 말씀도, 감동도, 사인도 받지 못했다는 것이 더 큰 혼란이었습니다. 그런데 하나님의 사인은 전혀 다른 방식으로 찾아왔습니다.

제1회 북한선교캠프에 주강사로 오셨던 오대원 목사님은 남편의 큐티 나눔을 보시고 이미 좋은 인상을 받으셨던 것 같습니다. 그리고 아빠가 되어주시기로 한 이후, 훗날 남자 친구가 생기면 꼭 아빠에게 소개해야 한다고 다짐을 하셨던 터라, 이메일로 남편을 소개드렸습니다. 그러자 목사님은 의외로 남편을 아주 좋은 청년이라며 극찬하셨고, 주변 사람들의 평가 또한 칭찬 일색이었습니다. 그중 한 분은 제게 "스스로 분별이 되지 않을 땐 하나님이 주변 사람들의 입을 통해 말씀하실 때도 있다"고 조언해주었습니다.

결국 저는 그런 이야기들을 하나님의 사인으로 받아들일 수밖에 없었습니다. 정작 저는 왜 그렇게 잘 몰랐는지 지금 생각해도 참 신기합니다. 다만 연애시절 남편이 제게 했던 한 문장은 제 마음에 크게 새겨졌습니다. 결혼하면 저의 비서가 되어준다는 말이었습니다. 그 말이 제게 크게 다가온 것은 싱글로서 혼자 사역하는 가운데 종종 느꼈던 외로움이나 힘듦 때문이었습니다. 그래서 저의 비서가 되어준다는 말이 뭔가 든든했고, 저의 허전한 어떤 것을 채워주는 것 같은 깊은 울림이 있었습니다. 그 말은 신뢰와 헌신이 담긴 진심으로 다가왔고, 제가 결혼을 결심하게 되는 데 큰 점수를 주었습니다. 그렇게 연애를 이어가던 중간 중간, 저도 남편에게 제 감정인지 아닌지도 잘 모르겠는 고백을 하곤 했던 것 같습니다.

하지만 아무리 생각해도 가슴도 안 뛰고 보고 싶은 것도 없는 것 같고, 그렇게 불타는 감정이 없어도 그냥저냥 시간에 이끌려 연애라는 이름의 시간을 채워가고 있던 어느 날이었습니다. 저의 결혼 결정에 큰 의미를 더해준 한 이야기를 듣게 되었습니다. 저희 결혼식에 오라버니로 참석해주셨던 유은수 선교사님의 아내 분이 해주신 이야기였습니다. 사모님도 선교사님이 마음에 들지 않아 결혼을 안 하려고 했다는 것입니다. 자기와 상의도 없이 친정어머니와 선교사님이 결혼식 날짜를 잡고서 밀어붙였고, 화가 난 사모님은 결혼식날에 도망가려다가 붙잡혔다고 합니다. 그 정도로 결혼 상대로 느껴지지 않았고 사랑의 감정도 없었답니다. 그런데 그렇게 결혼한 지 14년이 지난 지금, "우리는 지금이 더 신혼 같다"며 너무 사랑하게 되었다는 겁니다.

처음엔 사랑의 감정이 없었지만, 살아가면서 사랑의 감정이 생기더라는 말이 이해되지 않으면서도, 제게 깊이 있게 와닿았습니다. 그리고 사모님은 "사랑의 감정이라는 건 지금 우리가 중요하다고 생각하는 것처럼 그렇게 절대적인 것이 아니다"라고 하셨습니다. 사랑한다고 죽자 살자 하며 결혼한 친구들이 정작 이혼하고 별거하고 있는 경우가 많은데, 오히려 "우리는 지금이 더 신혼 같다"고 하신 말이 그런 뜻이었습니다. 그 사모님의 고백이 큰 도움이 되었습니다. 이제 결혼 17년차를 사는 제 입장에서 이때 들려주신 이야기를 잊을 수 없었습니다. 최근에 그 사모님과 통화를 하니, 이제 30년이 되었는데 더 농익은 사랑을 하고 있다고, 더 좋다고 하시더군요.

하지만 결혼 후, 제 안에서 또 다른 상처 하나가 올라오기 시작했습니다. 결혼 전에 싱글 사역자로서, 때로는 외롭게 주님의 길을 따라 전 세계를 누비며 살았던 저에게 '비서가 되어주겠다'던 남편의 말은 사실 든든한 동역자가 되어줄 것이라는 약속처럼 들렸습니다. 그래서 결혼 이후에도 그 약속대로 제 사역을 함께 해줄 파트너로서 남편에게 기대를 많이 했던 것이 사실입니다.

그런데 결혼 후, 남편은 제가 정성을 다해 대본을 쓰고 녹음하며 2년 넘게 진행했던 극동방송 프로그램을 단 한 번도 들어볼 생각을 하지 않았습니다. 그것도 '북녘에 띄우는 편지'라는 제목으로 제 마음을 가장 많이 담아서 한 방송이었기에 더더욱 서운했습니다. 의류업체인 '신원'의 박성철 회장님께서 제 방송을 들으시곤 회사로 부르셨고, 이후 기독교성결신문을 연결해주셔서 2년간 칼럼을 쓰게 해주신 일이 있었습니다. 그 방송 때문에 원주 연세대학교 채플에서 설교 요청이 들어오기도 했습니다. 하지만 정작 그 방송을 가장 가까이에 있는 남편이 들어보지도 않으니 아주 많이 서운했던 겁니다. 연애 때 보여준 열정적인 사랑과 참여에 비해, 결혼 이후에는 제 사역에 대해 특별한 관심을 보이지 않는 듯했습니다.

그런 남편의 변화가 저를 다시 외롭게 만들었습니다.

물론 남편은 나름의 방식으로 사랑을 표현한다고 생각했을 것입니다. 저를 위해 운전을 해준다든가 어디에 함께 가준다든가, 모임에 동행해준다든가 하는 행동들 말입니다. 그런데 그것은 제가 원하는 방식이 아니었습니다. 저는 내면의 공감이 필요했습니다. 제 말에 귀 기울이고 진심으로 이해하려는 태도, 그것이 진짜 사랑이라고 생각했거든요. 그런데 남편은 자기가 하고 싶은 대로, 자기가 해줄 수 있는 방식대로 사랑을 표현하고 있었던 겁니다. 그렇게 자신의 생각과 입장에서만 하는 사랑은 사랑이 아니라고, 저는 마음속에서 판단하게 되었던 것 같습니다.

그렇다면 저는 과연 어땠을까요? 남편이 하는 일에 관심을 가지지 않아도 남편은 항상 제게 먼저 다 얘기해주고 알려주었기에, 저는 그냥 그렇게 들으면서 자연스럽게 알게 되곤 했습니다. 그래서 제 입장에서는 '나는 굳이 더 관심을 가질 필요가 없다'라고 합리화했던 것 같습니다. 저는 남편만큼 불같은 감정으로 사랑하는 것도 아니었고 제 사역도 바쁘고 중요했기 때문에, 그 이상으로 애써 무엇을 하지 않아도 된다고 생각했던 것입니다. 저 스스로는 크게 잘못하고 있다는 생각이 없었습니다. 그런데 시간이 흐르면서, 남편의 입장에서 보면 그 역시 외롭고 서운했겠다는 생각을 하게 되었습니다. 각자의 방식으로 사랑을 주고 있었지만, 결국 서로가 원하는 방식으로는 사랑을 받지 못하고 있었던 셈이지요.

17장

통일가정의 남북전쟁

희뿌연 사랑의 정체

'책임'이라는 단어는 참 많은 언어로 표현될 수 있습니다. 그리고 어떤 위치에 있느냐에 따라 그 무게는 전혀 달라지겠지요. 이 책이 담고자 하는 주제, 곧 '아버지의 무게와 책임' 또한 참으로 크고 깊은 주제입니다. 남편과 결혼 후 함께 살아가는 시간 속에서 크고 작은 갈등을 겪으며, 문득문득 떠오른 생각이 있습니다. '아, 남편 역시 가장이라는 이름 아래 그 나름의 무게를 묵묵히 짊어지고 있었겠구나.' 남자가 되어본 적 없는 저는 그 무게를 미처 이해하지 못했던 것 같습니다.

남편에게 저는 '아내'였겠지만, 제게는 '아내'라는 역할보다 한 인간으로서, 인격체로서 존재하고 싶다는 마음이 컸습니다. 사실 저는 '아내'로 살아본 적이 없었습니다. 다만 가정 안에서는 장녀로서의 책임을 누구보다 무겁게 감당하며 살아왔습니다. 그 책임은 누가 떠맡긴 것이 아니라 살아남은 자로서 스스로 지게 된 것이었고, 그 무게는 저를 북에서 온 사명자로서 살아가게 만드는 정체성과도 이어져 있었습니다.

굶주림 속에서도 살아남았다는 사실, 이 땅에서 전혀 다른 세계를 경험하게 된 것, 그리고 그 가운데 하나님을 만나 영생을 선물로 받았다는 것, 이 모든 것은 제게 '사랑의 빚'이 되었습니다. 그 빚은 제 인생 전체를 밀고 가는 힘이 되었습니다. 그래서 저는 일찍부터 '먹고 사는 삶'을 넘어선 '비전을 향해 전진하는 삶'을 살고 있었습니다. 늘 앞만 보고서 목표를 향해 달리는 사람이었습니다.

하지만 남편에게 저는 그런 비전의 사람이 아니라 '그저 사랑하는 아내'였을 것입니다. 그 나름의 방식으로 저를 사랑했고, 자신이 할 수 있는 모든 것으로 사랑을 표현하고자 했던 것 같습니다. 그런데 이제 와 돌아보면, 남편의 마음 깊은 곳에는 스스로도 인식하지 못한 사랑에 대한 굶주림이 있었고, 그 결핍을 메우기 위해 저를 붙잡고 있었던 건지도 모르겠습니다.

문제는, 저라는 사람이 '사랑이란 무엇인가'를 여전히 잘 모르고 있었고, 사랑을 표현하거나 건네줄 감정의 여유조차 없었다는 점입니다. 왜냐하면, 여전히 북녘땅에서 다양한 모양으로 죽어가는 사람들이 제 가슴 속에서 울부짖고 있기 때문입니다. 그 생명을 살려야 한다는 사명감이 저로 하여금 멈출 수 없게 만들었습니다.

사랑에 목 말라 있던 아이들

남편과의 연애 시절을 돌아보면, 아마도 저와 비슷한 상처와 가정사를 지닌 그에게 본능적으로 끌렸던 부분이 있었던 것 같습니다. 남편이 태어나자마자 부모님이 이혼하셨고, 아버지와 할머니의 손에서 자라났습니다. 세 명의 누나가 있었지만 함께 자란 누나는 한 명뿐이었고, 나머지 두 명은 어머니와 함께 살았습니다. 그 부모님의 이혼 이유는 아버지의 잦은 술주정과 폭력이었습니다. 저 역시 비슷한 경험이 있습니다. 어머니는 수 차례 이혼을 결심하셨습니다. 결국 실행하지는 못하셨지만, 아버지의 폭력과 술은 어린 저에게 지울 수 없는 공포와 상처를 남겼습니다. 어머니가 자살을 시도하셨던 날의 기억은 지금도 제 마음 깊은 곳에 응어리로 남아 있습니다. 그래서였을까요. 남편의 어린 시절 이야기는 남의 일처럼 느껴지지 않았습니다. 그 이야기 속에서 저는 제 자신의 어린 날을 보았고 공감할 수 있었습니다.

남편은 어릴 적부터 할머니 손에서 자라면서 아버지의 술심부름을 해야 했고, 담배 냄새가 진동하던 집에서 어린 마음을 다잡으며 살아야 했습니다. 학교에 다니던 시절에는 도시락도 싸지 못해 물로 배를 채우고, 좋아하던 공놀이를 하며 하루하루를 버텼다고 했습니다. 그런 남편의 이야기를 들을 때 제 마음 한구석이 뭉클해졌습니다. 엄마의 사랑 한 번 받아보지 못한 아이, 늘 사랑에 목말라 있었던 아이, 남편은 그런 사람이었습니다.

저 역시 어린 시절엔 부모님의 사랑을 어느 정도는 받았지만, 철이 들 무렵부터 이어진 가정불화와 불안정한 환경 속에서 심장이 약해지고 늘 불안에 시달렸던 기억이 더 많이 남아 있습니다. 그 때문인지 '사랑을 받았다'라는 감각이 제 안에 또렷하게 남아 있지는 않았습니다. 그래서였을까요. 남편을 낳자마자 이혼하신 시어머님이 처음엔 원망스럽게 느껴졌습니다. 결혼을 앞두고서 시어머님께서 저희 결혼을 반대하셨을 때도, 솔직히 제 안에는 '그럴 자격이 있으신가요?'라는 불편한 마음이 올라왔던 것도 사실입니다.

하지만, 그럴 때마다 제 어머니의 인생을 떠올렸습니다. 숱한 고생 속에서도 묵묵히 우리를 키워내셨던 어머니의 삶이 제게 늘 아픔이었기에, '시어머님의 삶도 얼마나 힘드셨을까' 하는 이해와 연민이 서서히 생기기 시작했습니다. 그래서 때때로 모진 말씀을 하실지라도, 믿는 사람으로서 참고 견뎌야 한다고 제 마음을 다잡았습니다. 그렇게 서러움을 이기고 견디며 결국 결혼에 이르게 된 것입니다.

서로 전혀 다른 배경, 그것도 남과 북의 끝과 끝에서 태어난 두 사람이 만나 사랑을 이어간다는 것, 그 여정이 어찌 온전하기만 했을까요. '사랑'이라는 감정을 잘 알지 못했던 저는, 남편이 진심을 담아 "사랑한다"고 고백하고, 스킨십으로 격려하고 표현하는 그 사랑조차 온전히 받아들이지 못했습니다.

성격 유형으로 보자면, 저는 T(Thinking), 남편은 F(Feeling) 성향이라, 공감의 방식도, 대화 방식도, 감정의 표현도 처음부터 어긋날 수밖에 없었던 것 같습니다. 그러나 신기하게도 저희는, 어떤 면에서는 참 많이 닮아 있었습니다. 둘 다 '비저너리(Visionary)'라는 말이 어울릴 만큼, 각자의 자리에서 사역에 몰입하고 몰두할 줄 아는 사람들입니다. 그렇게 열심히 사역하고 살아가던 저희 부부에게도 위기는 찾아왔습니다. 결혼 10년 차쯤 되었을 무렵 어떤 일로 크게 다투게 되었고, 남편은 제게 이런 말을 했습니다.

"우리가 아이가 있기를 하나, 뭐가 있나. 이렇게 사는 게 이제는 좀 힘들다…."

남편은 밖에서 있었던 일을 집에 돌아와 저와 나누는 것을 좋아하고, 그런 대화를 통해 에너지를 얻는 사람이었습니다. 반면 저는 밖의 일을 거의 이야기하지 않고, 꼭 필요한 말이 아니면 잘 하지 않는 사람이었습니다. 지금은 많이 달라졌지만 말입니다. 특히 해야 할 일이 많은 날에는 남편이 퇴근하고 돌아와도 서재에 앉아 계속 일하곤 했습니다. 그렇게 일상 속에서 생긴 작은 틈들이 쌓이고 또 쌓여, 어느 날 폭발처럼 감정이 터져 나왔습니다. 저희는 심각하게 이혼을 고민해야 할 정도의 위기를 맞이하게 되었습니다.

사랑을 다시 배우다

결혼 후, 한 해 두 해를 지나며 살아가던 저희 부부에게 세 차례의 이혼 위기가 찾아왔습니다. 첫 번째는 결혼 10주년 즈음이었고, 이후 2년 간격으로 두 번의 더 큰 위기가 있었습니다.

부부싸움이란 대개 별것 아닌 일로 시작되지만, 때론 그 상황과 쌓인 감정에 따라 큰 위기로 번지곤 합니다. 이것은 단지 부부 사이만의 이야기가 아니었습니다. 인간관계 전반에서도 마찬가지입니다. 누구나 자기 입장에서만 생각하면 억울하고 이해할 수 없는 일들뿐입니다. 특히 감정이 극에 달했을 때 주고받는 비수 같은 말들, 존재 자체를 부정당하는 듯한 표현들이 때로는 삶의 의미마저 잃게 만드는 깊은 상처로 남기도 합니다. 그동안 제가 해왔던 사역과 일들 중에서도 남편의 마음에 들지 않으면 "그거 하지 마"라는 말을 수 차례 들어야 했습니다. 그런 말들은 점점 저를 부정하는 언어처럼 느껴졌고, 마침내 제 존재 자체를 부정당하는 듯한 아픔으로 다가왔습니다.

저는 남편이 제 삶을 자신의 기준으로 판단하려는 것이 성경적인 태도가 아니라고 생각했기에, 더 이상 그런 방식의 대화를 견디기가 어려웠습니다. 결국 저희 부부는 이혼 99퍼센트에 이를 만큼

파국으로 치달았습니다. 그때 마침 저희에게 가족처럼 가까운 두 분이 외국에서 들어오셨습니다. 저희 부부를 불러내 조심스럽게 조언해주셨습니다. 그 만남을 통해 어렵사리 합의점을 찾게 되었습니다. 한 달 동안 부부상담을 받고, 그 후에 최종 결정을 내리기로 약속하게 되었습니다.

그렇게 시작된 상담 과정에서, 저는 제 인생에서 가장 귀한 깨달음 중 하나를 얻게 되었습니다. 바로 '모국어'의 개념이었습니다. 여기서 말하는 '모국어'는 단지 사용하는 언어가 아니라, 각자 자란 환경 속에서 형성된 감정의 언어, 표현 방식, 대화 습관을 뜻합니다. 부부란 서로 참고 이해하는 관계를 넘어, 서로의 모국어를 '배워가는' 관계여야 한다는 점을 처음으로 알게 된 것입니다. 남편의 말투가 때로는 거칠게 들렸던 것도, 그가 그렇게 자라왔기 때문이라는 걸 이해하게 되었습니다. 저 역시 저의 모국어로만 대화를 시도했음을 반성하게 되었습니다. 이 귀한 상담을 해주신 분은 레헴가정생활연구소 소장이신 도은미 목사님이셨습니다. 남편이신 황은철 목사님도 늘 함께 해주셨습니다.

무엇보다 이 시간 동안, 저는 '사랑'이라는 것을 다시 배우게 되었습니다. 지금까지 저는 사랑을 주기보다 사명과 비전을 따라 살아온 사람이었습니다. 그런데 그 모든 위기의 시간을 통해 하나님이 저를 얼마나 사랑하시는지를 깨닫게 되었습니다. 그 사랑을 이제는 남편에게도 표현하며 살아가야 한다는 도전을 받게 된 것입니다. 그렇게 해서 한 달 후, 저희는 다시 함께 살아가기로 결심했습니다. 그리고 지금까지 그 결심을 지켜내며 살아가고 있습니다. 놀랍고도 감사한 것은, 당시 저의 사업을 그토록 반대하던 남편이 지금은 오히려 저보다 더 열정적으로 기능성 속옷, 겉옷, 양말, 침구, 베개, 안대 등을 사용하며, 그 가치를 누구보다 인정하고 있다는 사실입니다. 오히려 저에게 제대로 똑바로 입으라고 훈시할 정도입니다. 이보다 더 감사한 일이 어디 있을까요?

바닥에서 사랑을 발견한 까닭

사랑의 정체를 잘 모르는 저 같은 사람이어서, 하나님은 제가 가장 바닥으로 내려갔을 때 그 사랑을 발견하게 하신 건 아닐까 생각해 봅니다.

태국에서 주님을 처음 만났을 때, 저는 펑펑 울면서 저도 모르게 '주님, 죄송합니다. 이렇게 멀리 돌아와서요'라고 고백했는데, 그 고백을 했던 건 바로 주님의 '사랑'을 진짜로 발견했기 때문이었습니다. 그때 발견한 사랑은 제 인생에서 처음 만난, 말로 형용할 수 없는 거대한 것이었습니다. 저 같은 존재가 무엇이관데 하나님께서 그렇게 세밀하게 준비하시고 하나하나 길을 여셔서 저를 부르셨는지, 생각할수록 놀랍기만 한 사랑이었습니다.

하나님의 각본이 아니었다면, 저는 결코 혜산에서, 그것도 시퍼런 대낮에 압록강을 건널 수 없었을 것입니다. 기차에서 붙잡혔어야만 했던 저였는데, 그러나 그 일로 인해 보위부 구류장에서 아저씨를 만나게 되었고, 그 분의 도움으로 강을 건널 수 있었습니다. 제가 썼던 각서가 보위부로 넘어가지 않았다는 사실 자체가 하나님의 역사이자 기적이었습니다. 혜산역 파출소장의 마음을 움직이시고, 집결소에 따뜻한 성품의 부소장님을 당직으로 세우셔서 뇌물로 드렸던 돈까지 다시 돌려받게 하신 섬세함은 결코 우연이 아니었습니다. 우연처럼 보였던 오디오 사건까지도 하나님의 시나리오 안에서 압록강을 건널 수 있는 계기로 만들어버린 놀라운 각본이었습니다. 하나님의 계획이 아니고서는 설명할 길이 없었습니다. 그 사랑 앞에서, 저는 그저 울 수밖에 없었습니다.

그런데 결혼 전에도 후에도, 저는 그토록 깊이 경험한 그 사랑의 정체를 여전히 잘 알지 못했습니다. 그리고 이혼의 문턱에 서서야 비로소 그 사랑을 다시 발견하게 되었습니다. "자기 하고 싶은 방식대로 하는 게 사랑이라고?"라며 투덜거리던 제가, 그동안 남편이 보여준 사랑의 표현들이 참사랑이었음을 뒤늦게 깨달은 것입니다. 사랑한다는 고백, 발 마사지를 해주던 손길, 안아주는 따뜻함, 제가 하는 공동체에 조용히 동행해준 모든 일들이 다 저를 사랑해서 가능했던 것이었습니다. 그제야, 하나님의 사랑도 결국은 '일방적인 것'이라는 사실이 떠올랐습니다.

신학교에 다닐 때, 존경하던 교수님의 형님께서 하신 유명한 고백이 떠올랐습니다.

"하나님은 왜 저하고 상의도 안 하시고 저를 구원하셔서 이렇게 힘들게 하십니까?"

처음엔 웃었지만, 들을수록 마음 깊이 뼈아픈 고백이었습니다. 하나님의 형상대로 우리를 지으신 것은 결국 사랑의 본체이신 하나님께서 우리와 함께하고자 하셨던 그 간절한 열망의 표현이었습니다. 그 사랑이 아니었다면, 예수님께서 이 땅에 오실 이유도 없었을 것입니다.

"하나님은 사랑이시라"는 이 대전제가 결국은 모든 것을 설명해 줍니다. 아니, 어쩌면 설명으로는 도달할 수 없는, 초월적인 본질 자체가 아닐까 싶습니다. 하지만 인간은 여전히 동산의 모든 것을 허락받고도 단 한 가지를 탐내는 존재, 여전히 그 사랑을 오해하고 거스르는 존재입니다.

사랑하다 가는 길

결혼 후, 어떤 방식이었든 남편은 끊임없이 사랑을 쏟아주었지만, 저는 상대적으로 너무 표현 없이 살아왔습니다. 결혼 초반에 남편의 가족들로부터 환영을 받지 못했던 서운함과, 늘 자기 가족 편만 드는 것처럼 보였던 남편의 태도가 못마땅하기도 했습니다. 하지만 저는 나름 크리스천으로서 남편의 가족사를 들으며 공감했고,

이해했고, 받아들이려고 노력한 것이 최선이라고 생각했습니다. 그것도 제겐 엄청난 노력이었는데, 그 노력의 마음을 알아주지 않는 것 같아 더 많이 서운했던 것이죠. 결국 사랑의 감정을 모르고, 남편만큼 뜨겁지 않다는 것을 핑계 삼으며, 저는 스스로 '열심히 참고 있다'고 합리화하며 관계를 유지해왔던 것입니다.

그러나, 사랑은 감정이 아닐 수도 있더라고요. 생기지 않는다면 만들어야 하고, 피어나지 않는다면 노력해야 한다는 것을 저는 그제야 깨달았습니다. 십자가를 지는 것도 아닌데, 왜 그렇게 일상에서 남편을 사랑하기 위해, 구체적으로 무엇을 해야 할지를 생각하지 못했는지, 제 자신이 참 한심하게 느껴졌습니다. 남편이 저를 좋아하고 사랑하기에, 저는 그냥 그 사랑을 받으며 살면 되는 줄 알았던 겁니다. 그러나 남편도 사람이기에, 그렇게 쏟고 또 쏟으며 결국 지쳐버린 것이었습니다. 바닥이 드러나는 게 어쩌면 정상이었던 겁니다.

남편이 저를 신뢰하지 않는 것 같다는 생각에 너무 속상해서 이혼을 결심했지만, 돌아보니 저는 남편에게 해준 것이 너무 없었습니다. 하나님 앞에 섰을 때, "너는 승근이를 위해 한 게 무엇이냐?"라고 물으신다면, 저는 할 말이 없었습니다. 정신이 번쩍 들었습니다. 남편을 향한 사랑이 제게는 없는 줄 알았는데, 그렇게 미안하고 마음이 아픈 걸 보면서 '아, 내가 남편을 사랑하고 있구나'라는 걸 발견하게 되었습니다. 얼마나 눈물이 나던지, 그 눈물을 통해 남편을 향한 '사랑의 씨앗'이 제 안에 있음을 발견한 것입니다.

늘 저와 무엇이든 함께 하는 걸 좋아하는 남편, 잔소리 같지만 늘 저를 걱정해주는 남편, 모든 행동과 생각 속에 저를 향한 사랑이 가득한 남편을 외롭지 않게 해야 하겠다는 마음을 갖게 되었습니다. 이번이 하나님께서 마지막으로 주신 기회라 생각하고, 제대로 한 번 해보자는 결심이 서게 되었습니다.

결국 하나님께로부터 와서 하나님께로 간다는 것은 '사랑을 하다가 가는 길'임을 알게 되었습니다. 사랑은 어떤 거창한 사역을 하거나 감동적인 일을 만들어내는 것이 아니라, 내 앞에 있는 한 사람, 그 상대가 가장 원하는 것을 들어주고 함께하는 것에서 시작된다는 사실을 말입니다.

5부

아버지가 이루시려는 나라

18장

통일코리아, 뉴코리아

통일한국인가, 뉴코리아인가?

한국에 와서 사역하면서 가장 많이 들었던 단어 가운데 하나가 바로 '통일한국'이라는 말이었습니다. 그런데 이 단어를 들을 때마다 저는 묘한 불편함을 느끼곤 했습니다.

북한에서 20여 년을 살았을 때는 남한을 '남조선'이라고 불렀습니다. 북한의 공식 국호는 '조선민주주의인민공화국'이고, 일상에서는 줄여서 '북조선' 혹은 그냥 '조선'이라고 불렀습니다. 저는 어릴 적부터 '조선'이라는 이름에 자부심을 가지고서 자랐습니다. 선생님들은 "조선은 아침 해가 가장 먼저 비추는 나라"라는 뜻이라며 그 이름의 뜻을 자랑스럽게 가르쳐주셨습니다. 어린 제 마음에도 '조선'이라는 이름 하나만으로 어깨가 으쓱해졌던 기억이 생생합니다. 그런데 중국에 도착해서 처음으로 '남조선'의 공식 국호가 '대한민국'이며, 줄여서 '한국'이라고 부른다는 사실을 알게 되었습니다. 그때 '한국'이라는 단어가 너무도 낯설고 생경하게 들렸습니다. 반대로 한국 사람들이 자연스럽게 사용하는 '북한'이라는 호칭은 제게 큰 이질감으로 다가왔습니다. 그리고 중보기도 사역으로 여러 곳을 다니면서 '통일한국'이라는 표현을 자주 접하게 되었는데, 제게는 그 단어가 '절반짜리'처럼 들렸습니다. 왜냐하면, 북쪽의 시선에서 보면 통일한국에서 '한국'이라는 단어는 한반도 전체를 아우르지 못하고 남한만을 지칭하는 이름이기 때문입니다. 이렇게 남과 북에서 서로 다르게 불리는 국호를 보며 고민이 되었습니다. 남과 북 모두가 공감할 수 있는 국호는 통일된 이후라야 가능하겠지만, 그 전에라도 사용할 수 있는 이름을 찾고 싶었습니다.

그 고민을 기도 가운데 하나님께 아뢰기 시작했습니다. 결국 한반도 전체를 담을 수 있는 새로운 명칭이 필요하다는 생각에 이르렀습니다. 그러다 문득, 남과 북 모두 영어 공식 명칭으로 사용하는 'Korea'에 주목하게 되었습니다. 그때부터 저는 '통일코리아'라는 단어를 사용하기 시작했습니다. 비록 영어 표현과 섞였지만, 지금은 적어도 남과 북 어느 쪽의 국호도 직접적으로 대변하지 않으며 동시에 중립적이고 포괄적인 의미를 담고 있다는 점에서, 이보다 더 적합한 이름은 없겠다는 확신이 들었습니다.

그런 고민 끝에, 2011년《통일코리아를 세우는 100일 기도》를 5천 부 발간하면서, 서문에 '통일코리아'라는 이름을 선택한 배경과 그 안에 담긴 의미를 담아냈습니다. 이후 함께 중보기도 사역을 동역해오던 PN4N(오성훈 목사)과 제가 운영하던 NKB(New Korea Builders) 두 단체가 통합을 논의하던 일이 있었습니다. 그때 PN4N에서 발행하던 큐티지《북한사랑》의 이름을《통일코리아》로 바꾸자고 제안하게 되었습니다. 그 제안은 자연스럽게 받아들여졌고, '통일코리아협동조합'(통협)라는 이름으로 이어지게 되었습니다. 이후 통협의 배기찬 1대 이사장님과 유코리아뉴스(U Korea News)의 김성원 대표님(현 편집인)과 함께《통일코리아》라는 이름의 계간지를 발행하게 되었고, 지금까지 꾸준히 이어지고 있습니다.

제게는 이 '통일코리아'라는 이름과 연결된 감격스러운 간증이 하나 있습니다. 2011년 7월 6일 밤, 귀가하던 길에 동계올림픽 유치국가 발표 뉴스를 들었습니다. 집에 도착해서 텔레비전을 켜자 세 나라가 경합을 벌이고 있었습니다. 저는 직감적으로 우리나라가 될 거라는 마음이 들었습니다. "주님, 이번에는 어느 나라가 될까요?"라고 조용히 여쭈었는데, 주님께서 "어디겠니? 당연히 평창이지!"라는 감동을 주셨습니다. 결과는 정말로 평창이었습니다. 더욱 놀라운 것은, 이 동계올림픽이 열릴 해가 바로 남과 북이 분단된 지 70년이 되는 해인 2018년이라는 사실을 알게 된 순간이었습니다. 저는 외마디 소리를 질렀습니다. "2018년, 통일이 올 수도 있겠구나!"

그때부터 저는 강의할 때마다 2018년 평창동계올림픽을 위해 기도해야 한다고 이야기하기 시작했습니다. 그리고 실제로 2018년 한반도에서는 남과 북의 정상이 판문점에서 만나 악수를 나누고 평화의 봄을 노래하는 역사적인 장면들이 펼쳐졌습니다. 하지만 아쉽게도 그 문은 다시 닫혀버렸고, 지금은 오히려 적대적인 기류가 짙어진 상황입니다.

그럼에도 불구하고, 저는 하나님의 계획을 의심하지 않습니다. 오히려 지금의 닫힌 현실 앞에서 하나님의 뜻을 제대로 품지 못한 한국교회의 부족함을 생각하면 도리어 안도감이 들기도 합니다. 왜냐하면, 하나님께서 주도하시는 일이라면 반드시 다시 열리게 될 것이기 때문입니다.

1900년대 초, 한반도를 휩쓸었던 부흥의 물결이 다시 한 번 한국교회에 거룩한 회개와 돌이킴의 쓰나미가 되어 몰려오기를 기도합니다. 한국의 지도자들이 온전히 하나님의 얼굴을 구하고, 하나님 아버지의 손을 붙들며 돌이키는 그날이 온다면, 내일이라도 통일은 올 수 있다고 믿습니다. 왜냐하면, '통일코리아'는 곧 하나님의 나라가 이 땅에 임하는 것이기 때문입니다.

이처럼 이름이란 단순한 호칭이 아니라 정체성과 방향성을 담는 그릇입니다. 사람의 이름도, 단체의 이름도 마찬가지입니다. 그리고 이 땅에 점점 고착화되어 가는 분단의 현실 앞에서, '통일코리아'라는 이름은 남과 북을 함께 품을 수 있는 귀하고도 강력한 영적 언어이자 상징입니다.

물론 앞으로는 '코리아'보다 남과 북이 함께 공감할 수 있는 우리의 언어로 된 더 좋은 새로운 이름이 나와야겠지요. 그 이름이 무엇이 될지는 모르지만, 그날이 올 때까지 저는 오늘도 '통일코리아'라는 이 이름을 붙들고 기도합니다. 하나님의 뜻이 이 땅 가운데 이루어지기를, 그리고 속히 하나 되어 열방을 축복하는 나라가 되기를 간절히 소망합니다.

Why two Korea?

2004년 가을, 제주도 열방대학에서 DTS 훈련을 받을 때였습니다. 어느 날 예배 후 강의 대신 다큐멘터리 영상을 하나 보게 되었는데, 그 영상이 끝날 즈음 저는 눈물범벅이 되어 한참 동안 말을 잇지 못했습니다. 주위를 둘러보니 저뿐 아니라 많은 분들이 같은 감동을 받고 깊은 침묵 속에 있었습니다. 그 다큐 영상은 김우현 감독님의 〈가난한 자는 복이 있나니〉였고, 주인공은 '맨발의 최춘선 할아버지'였습니다.

할아버지께서 외치셨던 "Why two Korea?"는 21년이 지난 지금도 제 귓가를 떠나지 않습니다. 사실 그 영상에서 처음 할아버지를 뵈었을 땐 저도 모르게 이렇게 생각했었습니다. '아, 저런 행색으로 맨발로 다니시는 분은 아무래도 정신에 좀 이상이 있는 분이 아닐까….' 그런데 다큐가 진행될수록 이런 저의 생각이 너무도 부끄러웠고, 뼈아프게 깨졌습니다.

감독님이 물으셨습니다. "할아버지, 왜 맨발로 다니세요?" 돌아온 대답은 충격적이었습니다. "통일이 되면 신어요. 남북통일이 되면 신습니다." 순간 솟구치는 눈물을 주체할 수 없었습니다. 그리고 다큐 전체를 보면서, 그 분의 생애와 철학과 외침을 듣고는 부끄럽고 죄송하고 민망하기까지 했습니다.

30년 넘게 통일이 되지 않았다는 이유로 사계절 내내 신발을 신지 않고 다니신 분, 그 분은 단순한 노인이 아니셨습니다. 목사님이셨고, 일본 유학까지 하셨던 분이었습니다. 부잣집 아들이었지만 가진 땅을 사람들과 나누고, 가난하고 소외된 이들을 돕던 진짜 '진짜'이셨습니다. "가짜 유관순 아니오, 진짜 유관순! 가짜 이순신 아니오, 진짜 이순신!" 한 사람 한 사람 열거하며, 지금 이 시대에 진짜가 많았다면 왜 아직도 코리아가 둘이겠냐는 그 외침은 제 가슴을 찢어놓았습니다. 우리가 생계를 위해서는 치열하게 살아가면서도, 민족과 통일, 평화에 대해서는 얼마나 가식적이고, 형식적이고, 무감각하게 살아왔는지를 뼈저리게 느꼈습니다. 복음 중의 복음을 외치며 맨발로 거리를 누비시는 그 분을 미친 사람이라고 생각했던 제 무지가 너무도 부끄러웠습니다.

이제 광복 80년을 말하지만 사실은 분단 80년이기도 한 이 땅에서, 통일과 평화에 대한 감각은 점점 더 무뎌지고 있는 것 같습니다. 특히 2024년 1월, 김정은 위원장의 남한 적대국 선언과 대남기구의 폐지는 한반도 통일의 문을 더욱 굳게 닫아버리는 듯 보입니다. 정말 우리는 하나가 될 수 있을까요? 통일이 되는 것은 좋은 일일까요? 민족사적 관점에서 보더라도 '한민족, 한겨레'였던 남북이 둘로 갈라진 것은 너무나도 가슴 아픈 현실입니다. 우리는 같은 뿌리를 가진 단일민족이고, 하나의 언어와 문화, 역사를 공유해왔던 한 가족입니다. 그러나 이 모든 질문 위에, 반드시 던져야 할 하나의 질문이 있습니다.

"하나님은 통일을 어떻게 생각하실까?"

하나님의 속성과 본질은 하나됨이고 연합이며, 통일 그 자체입니다. 저는 단언컨대, 하나님은 한반도의 통일을 간절히 원하신다고 믿습니다. 왜냐하면 그 안에는 수많은 아픔, 상처, 분열, 고통이 담겨 있기 때문입니다. 그것들이 회복되는 중심에 바로 통일과 평화가 있기 때문입니다. 지금도 수많은 이산가족들이 생이별한 가족을 못본 채, 그토록 가고 싶던 고향을 다시 밟아보지도 못하고서 떠나고 있습니다. 그리고 북쪽의 많은 이들은 하나님의 이름조차 모르며, '아바, 아버지'라 부를 수도 없는 현실에 놓여 있습니다. 그들은 자신이 어디서 왔는지, 왜 살아야 하는지, 어디로 가야 하는지를 모른 채 살아가고 있습니다.

"Why two Korea?" 이 외침의 'Why' 앞에서 우리는 반드시 대답해야 합니다. 우리의 죄악 때문이고, 우리의 이기심 때문이며, 우리의 완악함 때문이라고.

'New Korea'를 선포하라

2008년 2월, 제1회 북한선교캠프(통일비전캠프)에 참여했던 저는 첫날 저녁 예배 중에 너무도 분명한 성령의 음성을 듣게 되었습니다.

"북한을 위한 100일 기도를 시작하라!"

너무 놀라서, '왜 100일이지? 지금까지 남한을 위해 기도하게 하셨던 하나님이 왜 이 시점에 북한을 위한 기도를 말씀하실까?' 마음속에 여러 궁금함이 일었습니다. 하지만 그 질문들에 대한 답을 하나씩 발견하게 하셨습니다. 핵심은 북한이 2012년, 태양절 100주년을 기점으로 '강성대국'을 이루겠다는 야심찬 계획을 갖고 있다는 부분이었습니다. 소름이 돋을 정도로 놀라운 응답들이 계속 이어졌고, 하나님께서 이미 앞서 일하고 계심을 분명히 알게 되었습니다.

캠프가 끝나자마자 바로 순종의 걸음을 내디뎠습니다. 100일간이나 기도하려면 무엇보다 기도해야 할 '내용'이 중요했습니다. 그런데 여호와 이레 하나님께서는 놀랍게도 이미 준비해두신 자료를 만나게 하셨습니다. 유관지 목사님과 TNF(진리와 자유)의 안부

섭 대표님께서 정리해놓으신, 북한의 모든 지역에 대한 정보가 담긴 귀한 자료였습니다.

3월과 4월에 준비기도모임을 계속하면서, 우리는 4월 15일, 김일성 주석의 생일인 '태양절'부터 8월 8일까지 100일간 기도하기로 결정했습니다. 기도회 이름을 정하기도 어렵지 않았습니다. 당시 'NK'는 North Korea의 약자로 널리 사용되었기에, 자연스럽게 'NK 100일 중보기도연합'이라는 이름이 지어졌습니다.

그런데 기도회를 시작하고 일주일쯤 되었을 때였습니다. 기도 중에 문득, 이 'NK'라는 단어가 불편하게 느껴졌습니다. 북쪽에서 외래어를 잘 사용하지 않았던 제 습관 때문이었던 것 같습니다. 다 한글로 되어 있는 문구 중에 유독 'NK'만 외래어처럼 보이니, 어쩐지 어색하게 느껴졌던 겁니다. 그래서 속으로 명칭을 바꿔야겠다고 생각하는 순간, 너무도 선명한 성령님의 음성이 들려왔습니다.

"지금은 북한만이 아니라 남한도 새로워져야 한다. 지금은 New Korea Season이다!"

순간 너무 놀랐고, 감동으로 가슴이 벅차올랐습니다. 제가 단순히 단어 하나를 바꾸려는 그 생각조차도 성령께서 읽으시고, 오히려 그 단어에 담긴 하나님의 깊은 뜻을 깨닫게 하셨던 것입니다.

'뉴코리아 시즌(New Korea Season)'이라는 말은 단순한 신조어가 아니라, 남과 북 모두가 함께 새로워져야 한다는 하나님의 시대적 메시지였습니다. 사회주의가 망하고 민주주의가 이긴냥 하는 우리의 어리석음을 깨고, 온전한 '하나님의 나라'가 이 땅에 임하는, 그런 뉴코리아를 하나님께서는 새롭게 세우고 싶으셨던 것입니다. 그 이후로 저는 'New Korea'를 선포하게 되었고, 2008년 8월 8일 마지막 날 감사예배 자리에서도 이 메시지를 계속 나누게 되었습니다. 그날, 잘 아는 지인 목사님 한 분이 기도회에 오셔서 현수막을 보시며 이렇게 말씀하셨습니다. "아, 여기는 NK를 North Korea가 아니라 New Korea로 부르는군요." 적잖은 분들이 이런 반응을 하셨습니다.

이렇게 우리는 2008년 첫해부터 '뉴코리아'라는 비전을 가슴에 품고, 북한을 위한 100일 기도를 은혜 가운데 시작하고 마칠 수 있었습니다. 결국 'NK'라는 글자를 '북한'이라는 한글로 바꿀 수 없었습니다. 하나님께서 주신 New Korea의 의미도 함께 담아야 했기에 2012년까지 'NK100일 중보기도'라는 명칭으로 사역을 이어가게 되었습니다. 이후에는 단체명을 'NKB(New Korea Builders)'라는 이름으로 바꾸고, 뉴코리아 건설을 위한 기도를 계속하게 되었습니다. 하나님께서 2008년 4월 기도회 중에 제게 주셨던 'New Korea Season'이라는 비전은 제 안에 깊이 새겨졌고, 그 의미가 무엇인지 저는 어렴풋이 알 것 같았습니다.

남과 북은 하나의 몸, 즉 한반도라는 땅 안에 전혀 다른 두 체제를 담고 살아왔습니다. 마치 이 땅이 냉전체제 속 세계사 실험실이었던 것처럼, 자본주의냐 사회주의냐 하는 두 체제가 경쟁하듯 공존해왔습니다. 그 결과, 같은 민족이면서도 전혀 다른 세상이 되어 버렸고, 한 형제였던 우리가 서로를 '적'으로 바라보는 시대까지 이르게 되었습니다. 그 모습을 보며 저는 마음 깊이 느꼈습니다.

"하나님께서는 이 분열된 민족이 온전히 주 안에서 하나 되기를 간절히 바라시는구나."

그 마음이 얼마나 깊고도 간절하게 제게 밀려왔는지 모릅니다. 북한은 사회주의, 남한은 민주주의라는 각자의 길을 걸어왔지만, 분단이라는 상처는 어느 쪽도 완전히 치유하지 못한 채 지금까지 평행선을 달려오고 있습니다. 하나님께서 이 상황을 얼마나 안타깝게 바라보고 계실까요?

세상적인 기준에서 하나가 되어 강한 나라가 되는 것도 의미가 있겠지만, 그보다 먼저 우리는 치유와 회복의 길부터 걸어야 합니다. 서로에게 입힌 아픔과 상처를 인정하고, 사랑으로 덮어주며, 용서와 화해의 걸음을 내딛는 일이 우선되어야 합니다. 그것이 바로 하나님 나라가 우리 민족 안에 임하는 첫 걸음이라고 믿습니다.

지금 한반도에 가장 필요한 것은 바로 하나님의 위로하심입니다. 지금 눈 앞에 펼쳐진 한반도의 현실은 암담하고, 상황은 더 견고해진 것처럼 보입니다. 그러나 하나님의 시간표 안에서는 이미 'New Korea'로 기경되고, 씨앗이 심겨졌고, 하나님의 나라는 오늘도 전진하고 있습니다.

현재 지구상에 없는 하나님의 나라

2008년이 북한을 위한 100일 기도를 통해 영적인 밭을 기경하는 시간이었다면, 2009년에는 더 구체적으로 '해방 전 북한에 세워졌던 교회들의 회복'을 위한 기도 전략으로 이어졌습니다. 2010년에는 북한의 지역과 8대 영역, 북한의 모든 세대를 올려드리는 기도로 북한을 온전히 세워가는 기도를 하게 되었습니다. 그리고 마지막 해로 정해졌던 2012년을 앞두고, 하나님은 특별한 마음을 주셨습니다.

태양절 100주년은 2012년 4월 15일이지만, 그날을 기도의 시작이 아니라 마침의 날로 삼고, 거꾸로 100일을 카운트하여 시작하라는 것이었습니다. 마지막 5회차 기도회는 '완전한 New Korea'를 위해 남과 북의 8대 영역을 비교 분석하여 정보를 정리했습니다. 어떻게 다른지를 아는 것은 하나가 되어가는 길에 너무나 중요했기 때문입니다. 그렇게 역사적 뿌리와 이론, 시스템, 중요 이슈들을 정리하여 5천 부의 기도책을 만들게 되었습니다. 바로 《통일코리아를 세우는 100일 기도》였습니다. 기도회는 결국 2011년 12월 22일에 시작하기로 결정되었습니다.

그런데 정말 놀라운 일이 일어났습니다. 바로 김정일 위원장이 기도회 시작을 5일 앞둔 12월 17일에 사망했고, 그 소식은 12월 19일 전 세계로 전해졌습니다. 사실, 2008년 첫 100일 기도가 끝난 이후인 9월에도 김 위원장이 뇌질환으로 쓰러졌다는 뉴스를 들고서 적잖이 놀랐던 기억이 있습니다. 그렇게 2008년에 시작된 기도회 이후부터 2011년 마지막 기도회를 앞두고 들려온 소식까지, NK100일 중보기도를 통해 하나님께서 북한에 큰 지각변동을 일으키고 계심을 느낄 수 있었습니다.

우리는 그렇게 '뉴코리아'를 위해 기도하며 'One New Korea'를 노래하고, 하나님의 뜻이 이루어지기를 간절히 간구하고 또 간구했습니다. 제가 믿는 뉴코리아는 현재 지구상에 없는, 하나님이 꿈꾸시는 새로운 모델의 나라, 하나님의 영광이, 하나님의 나라가 온전히 임하는 나라입니다.

19장

아버지가 진짜 기다리시는 일

새로운 한국 사람이 되라

10년 동안 중보기도 사역을 하면서 북한선교 또는 통일선교를 위해 일하시는 분들을 정말 많이 만났습니다. 오랜 세월 동안 북한을 위해 눈물로 기도해오신 분들도 계셨고, 그 분들의 간증을 들을 때마다 마음 깊이 감동을 받았습니다. 한국교회의 그러한 중보적 기도로 말미암아 저와 같은 북향민들이 남한 땅에 올 수 있었고, 하나님을 만날 수 있었다고 믿습니다. 때문에 감사한 마음을 늘 품고 삽니다. 그런 의미에서 감사함을 넘어 '빚진 자'로서의 마음을 갖고서 살고 있기도 합니다. 그리고 북한의 복음화와 통일을 향한 이분들의 열정은 존경심을 넘어 경외감마저 들 정도였습니다. 실제로 많은 분들이 통일이 되거나 남북 간의 교류가 재개되면 북쪽으로 들어가 복음을 전하고 싶어하셨습니다. 하나님에 대해 들으려야 들을 수 없었던 북한 주민들에게 복음을 전하는 것을 우리 모두의 사명으로 여기셨습니다. 감사한 일이 아닐 수 없습니다.

그런데 한국에서 살아가는 시간이 길어질수록, 저는 우리가 놓치고 있는 한 가지 중요한 사실을 발견하게 되었습니다. 복음을 전해야 할 대상은 '국가'도 '제도'도 '건물'도 아닌 바로 '사람'이라는 것입니다.

제가 기도 사역을 할 때부터 지금까지 한결같이 붙잡고 있는 두 가지 원칙이 있습니다. 첫째는, 우리가 복음을 전하고자 하는 민족이 속한 '나라'에 대한 이해이고, 둘째는 그 나라에서 살아가고 있는 '사람'에 대한 이해입니다. 그리고 이 모든 것의 완벽한 모델은 바로 예수님이십니다.

예수님께서 성육신하셔서 이 땅에 오신 사건은, 저에게 늘 깊은 감동과 경외감을 안겨줍니다. 하나님이신 분이 굳이 여자의 몸을 빌려 아기로 태어나시고, 인간의 성장 과정을 그대로 거치셨다는 사실은 우리를 향한 '이해'와 '사랑'이 얼마나 깊은지를 말해줍니다. 단순히 인간 흉내를 내신 것이 아니라, 인간과 같아지시기 위해 전 생애를 겪으신 것입니다.

"그는 근본 하나님의 본체시나 하나님과 동등됨을 취할 것으로 여기지 아니하시고, 오히려 자기를 비워 종의 형체를 가지사 사람들과 같이 되셨고, 사람의 모양으로 나타나사 자기를 낮추시고 죽기까지 복종하셨으니 곧 십자가에 죽으심이라"(빌 2:6-8).

사람에 대한 온전한 이해 없이 전하는 복음은 때로 위험할 수 있습니다. 교회사 속의 수많은 사례들이 이를 보여주고 있습니다. 예수님도 30여 년이라는 시간을 기다리셨습니다. 그런 점에서, 북한 복음화와 통일선교를 진심으로 꿈꾸는 분들에게 저는 이렇게 말씀드리고 싶습니다. '어떻게 복음을 전할 것인가'보다 '내가 복음을 전해야 할 그들은 누구인가?'에 대한 관점의 전환이 필요하다고요. 북한에 대한 이해, 그리고 무엇보다 북한 '주민'에 대한 깊은 이해와 '앎'을 통해 갖게 되는 공감은 선교에 매우 중요하기 때문입니다. 더불어 '복음을 살아내는 삶'에 대한 기본기를 갖추는 것은 말할 필요도 없는 일입니다. 마치 사업을 할 때 우리가 판매하고자 하는 '제품의 퀄리티'가 기본이 되어야 하는 것처럼 말입니다. 그런데 제가 보건대 바로 이 부분, 즉 복음을 아는 것도, 그것을 살아내는 것에서도 한국교회는 많이 약해보입니다.

저는 'New Korean'이라는 개념을 이런 의미로 말하고 싶습니다. 새로운 한반도를 꿈꾸며, 남과 북 모두 하나님에 의해 '새로 태어나는 것을 갈망하는 사람들', 이들이 바로 뉴코리안이라고 말입니다. 하나님의 나라가 임하는 땅, 하나님의 통치가 이루어지는 민족, 그리고 그 나라의 백성들, 저는 이들이 팔복을 살아내는 사람들이라고 믿습니다. 그러기 위해서 '통일을 준비'하는 것을 넘어 '통일을 살아내려고' 애쓰는 사람들, 복음을 살아내기 위해 애쓰는 사람이라면 'New Korean'이 될 수 있다고 믿습니다.

에베소서 2장에 나오는 '한 새 사람'(One New Man)이야말로 진정한 New Korean의 정체성입니다. 예수님께서 당신의 몸으로 막힌 담을 허시고, 십자가의 사랑으로 유대인과 이방인을 하나 되게 하신 것처럼, 우리도 남과 북 사이의 모든 벽을 허물고 화평의 길로 나아가야 합니다.

"그는 우리의 화평이신지라 둘로 하나를 만드사 원수 된 것, 곧 중간에 막힌 담을 자기 육체로 허시고… 이는 이 둘로 자기 안에서 한 새 사람을 지어 화평하게 하시고"(엡 2:14-15).

"심령이 가난한 자는 복이 있나니 천국이 저희 것임이요"(마 5:3).

이 말씀 한 구절을 살아내는 것도 얼마나 어려운지 우리는 압니다. 하지만 말씀의 한 구절 한 구절을 살아내고자 애쓰는 사람이라면, 저는 그가 바로 New Korean이라고 말하고 싶습니다.

원수 사랑, 한반도 사랑

어떤 이는 '원수를 사랑하는 것'이 오히려 쉬울 수도 있다고 말합니다. 하지만 정말 그럴까요? 그 대답은 어떤 삶을 살았느냐에 따라 천차만별일 것입니다. 그러나 분명한 것은, 원수를 사랑한다는 것이 인간의 힘만으로는 절대 쉬운 일이 아니라는 점입니다. 오직 성령이 임하셔서 우리 안에서 사랑할 수 없는 사람까지도 사랑하게 하실 때, 그 사랑은 비로소 가능해집니다.

앞서 말씀드린 것처럼, 저는 태국에서 예수님을 처음 만났을 때 '원수를 사랑하라'는 주님의 음성을 들었습니다. 각자 회심의 경험은 다 다르겠지만, 저에게는 그 말씀이 예수님과의 첫 만남이었습니다. 그때는 복수심에 불타 있었던 제 마음을 정확히 꿰뚫으신 주님의 음성에 놀랐고, 그래서 "정말 하나님은 살아계시는구나"라는 고백이 나올 수밖에 없었습니다. 당시에는 그것이 그저 내 안의 복수심을 깨뜨리기 위한 주님의 음성인 줄만 알았습니다. 하지만 시간이 지나고 중보기도 사역을 하면서, 해외 여러 곳으로 불러주신 주님께서 왜 저를 '원수사랑'이라는 메시지로 처음 만나주셨는지를 조금씩 깨닫게 하셨습니다. 그리고 마침내 크신 하나님의 마음을 제 안에 부어주셨습니다.

시간을 거슬러 2005년 2월로 돌아갑니다. 제주도 열방대학에서 DTS 훈련을 마친 저는 동기 한 명과 함께 백두산으로 향하게 됩니다. 연길의 재중동포 자매님의 도움으로 숙소와 일정을 정리하고, 저의 생일이자 김정일 위원장의 생일인 2월 16일 백두산 등반을 준비했습니다. 출발 전 한국에서도, 연길에서도 많은 사람들이 걱정했습니다. 2월의 백두산은 많이 춥기 때문에 두껍게 입고 단단히 무장하라는 말씀들을 많이 해주셨습니다.

그런데 연길에서 출발할 때는 눈발이 살짝 날렸는데, 거짓말처럼 맑아졌습니다. 바람 한 점, 구름 한 점 없는 하늘, 오히려 더워서 입고 간 옷이 불편할 정도였습니다. 저는 그 순간 "믿음 없는 저를 용서하여 주소서"라고 찬양하며, 웃으면서 올라갔습니다. 정상에 올라가, 한라산에서 가져온 돌과 물을 꽁꽁 얼어붙은 백두산 천지에 부으며 주님께 보고드렸습니다.

"주님. 굳이 이 날 올라오라고 하셔서 왔습니다. 저를 왜 부르셨습니까? 말씀해주세요."

주님과 인격적인 만남을 가진 이후 제게 생긴 가장 큰 변화 중 하나는 이해보다 순종을 먼저 하는 것이었습니다. 한마디로 명령이 떨어지면 일단 '예스'를 하는 것입니다. 원래는 철저한 T유형의 사람이었던 제가, 주님의 말씀이면 설명이 다 되지 않아도 먼저 순종하는 이유는 이후에 주어지는 '아버지의 선물'의 맛을 알아버렸기 때문입니다. 그날도 저는 조용히 백두산 천지 곁에 앉아 주님을 기다렸고, 잠시 후 전혀 예상치 못했던 음성을 듣게 되었습니다.

"내가 기필코 한반도를 통하여 열방을 치유하리라. 내가 너를 나라와 나라가 화해하는 데 세울 것이다."

한동안 그 자리에 멍하니 서 있을 수밖에 없었습니다. 당시 중국은 동북공정을 추진하고 있었고, 한국의 많은 사람들이 흔들리고 있었거든요. 심지어 그리스도인들도 걱정이 컸고, 저 역시 그에 대해 강한 거부감을 갖고 있었습니다. 그런데 하나님께서는 그 모든 논쟁과 이슈를 넘어, 그분의 시선으로 '한반도는 하나'라는 진리를 선포해주셨고, 확증시켜주시기 위해 저를 부르셨던 것입니다. 그리고 두 번째 말씀이 더욱 충격이었습니다. 저를 "나라와 나라가 화해하는 데 세울 것이다"라고 말씀하신 것인데, 순간 저는 '나를 외교관으로 쓰려고 그러시나?' 하는 생각이 들었습니다.

하지만 중보기도 사역을 이어가면서 그 뜻을 점차 깨닫게 되었습니다. 하나님은 실제로 저를 여러 나라로 부르셨고, 한국과 일본, 미국 등 열방 앞에서 북한을 대표하여 서게 하셨습니다. 무릎을 꿇고 용서를 구하고, 눈물로 화해하는 자리마다 세우셨습니다. 우리의 생각과는 완전히 다른, 하나님의 생각은 정말 경이로웠습니다. '원수 같은 남과 북'이 서로 용서하고 화해하여 하나님이 기뻐하시는 하나의 나라가 되었을 때, 그 사랑으로 열방을 치유하게 하시려는 하나님의 계획이 있으셨던 것입니다.

야곱과 에서가 오랜 세월의 두려움과 상처를 넘어 서로 끌어안던 그 순간처럼, 남과 북도 언젠가 그렇게 다시 만나게 되리라고 믿습니다. 누가 더 잘했느냐, 누가 먼저 잘못했느냐를 따지기보다, '형이로다' 하며 울며 안았던 에서처럼 먼저 품어주는 나라, 먼저 눈물 흘려주는 민족이 되는 것이 진짜 강한 민족이 아닐까요? 백두산에서 제게 부어주셨던 비전은 바로 이런 화해, 끌어안음이었던 것입니다.

지금도 세상은 여전히 전쟁과 갈등으로 가득 차 있습니다. 21세기가 과학의 전성기라 하지만, 무고한 생명들은 여전히 전쟁터에서 희생되고 있습니다. 바로 이런 시대에 남과 북이 원수에서 친구가 되고, 결국 하나가 되는 그 기적이야말로 이 시대에 하나님 나라를 드러내는 가장 강력한 기폭제가 되지 않겠습니까? 한반도를 사랑하시는 하나님의 마음은 우리를 향하여 '원수사랑'을 실천하라고 말씀하심이 분명합니다.

통일이 되어야만 하는 이유

흔히 "왜 통일이 되어야 하느냐"라는 질문을 받으면 대부분의 사람들은 "한민족이니까요"라고 대답합니다. 어쩌면 모범답안 같은 표현일지도 모릅니다. 원래 하나였던 민족이 전쟁으로 갈라졌고, 그래서 다시 하나가 되어야 한다는 이 논리에는 대개 이의가 없습니다. 특히 전쟁을 경험한 세대이거나 '우리의 소원은 통일'이라는 노래를 부르며 자란 세대에게는 더욱 그렇습니다.

하지만 요즘 MZ세대로 불리는 젊은 세대는 다릅니다. "왜?", "굳이?"라는 질문을 거침없이 던집니다. 북한에 가본 적도 없고, 북한 사람을 직접 만난 적도 없는 이 세대에게는 매스컴을 통해 접하는 북한이 그 어떤 외국보다 멀고 낯선 곳으로 느껴질 겁니다. 그런데 저처럼 북쪽에 고향을 둔 사람들에게는 상황이 다릅니다. 가족이 있고, 함께 공부한 동창과 친척들이 있는 고향이 있는 곳이 바로 북녘땅입니다. 통일이 되어야만 다시 가볼 수 있는 땅이기에, 통일은 너무나 간절한 꿈입니다. 어쩌면 통일을 가장 간절히 원하는 사람 1순위가 바로 저희 같은 북향민들일지 모릅니다. 전쟁을 직접 겪으신 이산가족 세대는 말할 것도 없습니다.

그렇다면 그리스도인들은 통일의 당위성에 대해 어떻게 이해해야 할까요? 어느 날 저는 스스로에게 질문했습니다. "하나님은 정말 한반도의 통일을 원하실까?" 그런데 그 답은 생각보다 어렵지 않았습니다. 성경 전체를 관통하는 하나님의 존재방식과 사역방식은 완벽한 '하나됨' 그 자체였기 때문입니다. 삼위일체 하나님 자체가 본질적으로 '통일된 분'이시며, 하나님의 모든 일하심은 '하나되게 하려는' 목적 아래에 있었습니다.

한반도의 분단은 몇 안 되는 이기적이고 탐심이 가득한 인간의 죄악과 불순종으로 인해 일어난 비극입니다. 반대로 통일은 원래 하나로 지으신 하나님의 형상을 회복하는 과정이며, 하나님의 뜻 안에 있는 놀라운 회복의 계획입니다. 단지 지리적 · 정치적 통합을 넘어, 하나님께서 우리 민족을 향해 품고 계신 거대한 구속사의 한 부분이라는 것입니다.

이와 관련해, 저는 십여 년 전 일본을 방문했을 때 아주 특별한 체험을 했습니다. 일본의 조선학교를 방문했는데, 마치 북한에 온 것 같은 착각이 들어 문화적 충격을 받았습니다. 체육대회 시간에 북한의 노래가 흘러나오고, 교실 곳곳에 북한 교육 내용들이 붙어 있었습니다. 학교 전체에서 느껴지는 공기 때문이었을까요? 교장실에 들어서자마자 이유도 없이 눈물이 쏟아졌습니다.

저녁식사 자리에서 '조선적'(朝鮮籍) 신분으로 사시는 분들과 이야기를 나누게 되었습니다. 조선적이란 일본에 거주하는 한국인들이 가지는 특수한 법적 신분을 가리키는 용어입니다. 그때 저는 생각지도 못한 사실을 알게 되었습니다.

해방 전에 다양한 이유로 일본으로 건너간 분들 가운데 일부는 전쟁이 끝난 후에도 고향으로 돌아올 수 있는 기회를 놓치셨습니다. 그 땅에서 자녀들을 낳고 살아가고 계셨습니다. 하지만 그 분들은 불이익을 감수하면서도 일본 국적을 취득하지 않으셨습니다. 그 이유가 충격적이었습니다. '언젠가는 통일이 될 줄 알고' 기다렸기 때문입니다. 반쪽짜리 조국이 아닌 온전히 하나가 된 조국이 '우리의 조국'이라며, 통일이 되기를 기다리면서 '조선 국적'을 유지해오신 것입니다. 저는 그 이야기를 듣고 가슴이 무너져 내렸습니다. 어떤 분은 한국(남한)이 고향인데도 조선 국적을 유지하고 계셨습니다. 눈물이 터졌습니다. 그리고 이렇게 기도했습니다.

"하나님, 이건 정말 아닙니다. 이분들을 위해서라도, 이분들 때문이라도 하나님, 꼭 통일을 주셔야겠습니다. 제발 속히 통일을 주세요."

주위를 돌아보니, 러시아에는 고려인이 있고, 중국에는 조선족이 있습니다. 모두 한민족의 뿌리를 가지고 살아가는 사람들입니다. 저희 같은 북향민들도 대한민국 국적을 가지고 있지만, '탈북자' 혹은 '탈북민'이라는 꼬리표를 쉽게 떼지 못하고 살아갑니다. 때로는 한국인으로, 때로는 아웃사이더로 살아야 하는 분단의 산물들이 여기저기 흩어져 살아가고 있는 겁니다.

전쟁을 경험하지 않은 MZ세대, 그 이후 세대에게도 우리는 '하나님께서 원하시는 통일'에 대한 본질적인 해답을 줄 수 있어야 합니다. 무엇보다 복음을 들을 수 있는 자유가 북한 땅에도 임해야 한다는 것이 제게는 너무나 절박합니다. 북한 주민들도 하나님의 형상대로 지음받은 고귀한 존재라는 사실을 알아야 할 기회는 '통일' 외에 답이 없습니다. 그 통일이 물리적 통일이 아닌, 교류를 시작으로 서서히 하나가 되어가는 것일지라도 말입니다.

원래 하나님께서는 우리 민족을 하나로 지으셨습니다. 그 누구도 그것을 바꿀 수 없습니다. 그러기에 우리는 평화코리아, 통일코리아를 지향해야 합니다. 그것은 정치적 선택이 아니라 신앙적 책임이며, 하나님의 뜻을 실현해가는 믿음의 걸음입니다. 때문에 우리는 점진적인 통일을 이루어가는 것이든 갑자기 오는 통일이든, 이 모두의 경우를 대비해서 준비해야만 합니다. 통일은 반드시 어떤 모양으로든 되어야 하고, 될 것입니다. 통일은 아버지가 기다리는 일입니다.

20장

아버지의 마음이 느껴지세요?

진짜 아버지의 마음을 알게 되다

2008년 9월, 저는 이스라엘에서 열리는 '컨버케이션'이라는 세계 기도집회에 참석하게 되었습니다. 160여 개국에서 모인 2천 명이 넘는 그리스도인들 가운데 북한을 대표하여 참여해달라는 요청을 받아서였습니다. 부족하지만 기도 사역을 감당하던 저로선 거절할 수 없는 부르심이었습니다.

기도회 첫날, 이스라엘의 12개 성문을 상징한 게이트별 기도시간이 있었는데, 우리나라와 중국과 일본 등 몇 나라는 '라이언 게이트(Rion Gate)'에 속해 있었습니다. 모두가 기도를 준비하던 그때, 집회를 인도하던 선교사님이 제게 다가오더니 기도제목을 나눠달라고 하셨습니다. 일본인 목사님과 중국인 목사님이 이미 나와 계셨고, 저는 무대 앞으로 향했습니다. 그 순간, 제 머릿속을 섬광처럼 스치는 강력한 성령님의 메시지가 있었습니다. 제 의지와 상관없이 일본인 목사님 앞에 가서 무릎을 꿇게 하셨습니다.

"북한의 지하교회 그리스도인들을 대신해서, 북한이 일본을 미워한 죄, 일본인을 납치한 죄, 그 죄를 대신하여 용서를 구하라."

아직 기도회가 본격적으로 시작되기도 전이었지만, 저는 순종하고 있었습니다. 무릎을 꿇는 순간 눈물이 비처럼 쏟아졌습니다. 놀란 일본인 목사님도 함께 무릎을 꿇고 "일본도 북한에 큰 죄를 지었습니다. 용서해주세요"라고 기도하셨습니다. 그 순간, 집회장은 회개의 물결로 뒤덮였고, 기도회는 정식 순서 없이 자연스럽게 시작되었습니다. 얼마 지나지 않아, 관중석에 있던 중국인 자매가 미끄러지듯 앞으로 달려 나왔습니다. "저는 중국에서 왔어요. 중국도 일본을 미워했어요. 용서해주세요."

성령님께서 그날 일본과 북한, 중국 사이에 있던 깊은 반감과 상처를 치유하기 시작하셨습니다. 그날 밤, 저는 주님께 여쭈었습니다. "주님, 내일 저는 세계 그리스도인 앞에서 북한을 위해 어떤 기도제목을 나누어야 할까요?" 그때 주님은 저에게 또 다른 놀라운 명령을 하셨습니다. "내일엔 전 세계 앞에 무릎을 꿇어라. 북한이 핵무기를 개발함으로써 세계 평화를 위협한 것에 대해 용서를 구해라." 저는 너무 놀라 "또요?" 하고 되물었습니다. 왜냐하면 저는 그동안 핵무기를 두려워한 적이 없었기에 별로 기도하지 않았기 때문입니다. 핵무기보다 하나님을 두려워해야 하는 것이 맞기에 그렇게 기도해왔거든요. 하지만 주님의 말씀이라면 따를 수밖에 없었습니다.

그리고 제 마음속에 하나의 기도제목이 더 떠올랐습니다. 북한을 '악의 축'이라 부른 미국 대통령의 발언으로 인해 북한을 '악의 축'으로 인식하고 있는 전 세계인의 머리에서 '악의 축'을 지우고 싶었습니다. 그래서 북한을 '악의 축'이 아닌 '복의 축'으로 축복해달라고 기도제목을 내고 싶었습니다.

다음날, 홍원표 목사님이 한국을 대표하여, 그리고 저는 북한을 대표하여 기도제목을 나누게 되었습니다. 저는 주님의 명령에 따라 전 세계에서 모인 그리스도인들 앞에서 북한이 핵무기 실험을 하는 것에 대해 사과하며 무릎을 꿇었습니다. 그러자 여러 나라의 지도자들이 나와서 저를 위해, 북한을 위해 함께 기도해주었습니다. 제가 그렇게 무릎 꿇기 전까지, 그 어떤 나라 대표도 무릎을 꿇고 기도제목을 나누면서 기도한 적은 없었습니다.

기도가 끝날 무렵, 한 백발의 미국인 여성 선교사님이 다가와 제 손을 잡고서 눈물 머금은 목소리로 말했습니다. "미국이 북한을 '악의 축'이라고 불렀던 것을 용서해주세요." 저는 온몸에 전율이 일어났습니다. 제가 나누고 싶었던 그 기도제목을 까맣게 잊게 하시고, 하나님이 직접 미국인 선교사님에게 전해주신 것입니다. 그 순간 저는 분명히 깨달았습니다. 우리 하나님은 북한도, 일본도, 미국도 사랑하시는 '모든 민족의 아버지'이시라는 것을 말입니다. 그 집회에서 민족 간의 화해를 선포하게 하셨고, 누구보다 그 일을 먼저 시작하신 분이 바로 하나님 아버지셨습니다.

저는 그날, 하나님의 나라에서는 이미 용서와 화해의 선포가 이뤄지고 있음을 깊이 체험했습니다. 이것이 바로 우리의 아버지, 진짜 아버지의 마음이었습니다.

"북한은 겸손해져야만 해"

더 놀라운 은혜는 바로 다음 날 예배 시간에 있었습니다. 예배를 드리는 가운데, 제 마음 깊은 곳에서 무언가가 올라오기 시작했습니다. 문득 눈앞에 먹을 것도 제대로 못 먹고 헐벗은 북한 주민들의 얼굴이 스쳐 지나갔습니다. 그들의 눈빛, 그들의 표정, 그리고 하나님 아버지의 존재조차 알지 못한 채 죽어갔던 그들의 삶이 오버랩되며, 제 마음속에 깊은 울분이 북받쳐 오르기 시작했습니다.

"하나님, 북한 사람들이 불쌍하지도 않으세요?! 북한에서 태어났다는 이유만으로 굶주리고, 예수님의 이름도 알지 못한 채 죽어가는데, 꼭 북한이 일본 앞에, 전 세계 앞에 무릎을 꿇어야만 했습니까? 솔직히 일본이 우리에게 큰 죄를 지은 게 맞지 않습니까!"

전날은 성령님의 이끄심에 따라 제 정신이 아닌 상태로 했던 터라, 뒤늦게 제 정신이 돌아온 겁니다. 그리고는 하나님께 항변하게 된 것입니다. 생각할수록 억울했습니다. 일본 목사 앞에 무릎 꿇은 것도, 전 세계 앞에 무릎 꿇은 것도 억울한 겁니다. 그렇게 한참을 울고 따지면서 기도하고 있을 때였습니다. 갑자기 제 귀에 들려온 주님의 음성이 있었습니다.

"나는 죄가 있어서 세상에 내려갔니?"

그 한 마디에 저는 다시 한 번 주저앉아 엉엉 울 수밖에 없었습니다. 너무도 명료했고, 너무도 분명했습니다. 아무 죄도 없으신 주님께서 하늘 보좌를 버리시고 이 땅에 인간의 몸으로 오신 그 사랑을 알기 때문이었습니다. 모든 멸시와 천대와 비난을 받으시고 십자가에서 죽으시고 부활하신, 우리를 사랑하신 예수님의 사랑의 서사가 그 한 문장에 모두 담겨 있었기 때문입니다.

인간은 끝없이 옳고 그름을 따지며 자기 입장을 주장합니다. 하지만 아무 죄도 없으신 예수님께서는 우리의 모든 죄를 짊어지시고 이 땅에 오셔서 죽기까지 우리를 사랑하셨습니다. 그런 주님 앞에서조차 따지고 있었던 저 자신을 바라보며, 얼마나 부끄럽고 한심한 모습이었는지를 깨닫게 된 것입니다. 하지만 하나님은 그런 저를 꾸짖지 않으시고, 사랑으로 답해주셨습니다.

"너를 전 세계 앞에서 무릎 꿇게 한 것은, 앞으로 내가 북한을 쓰기 위함이란다. 내가 쓰려면 북한은 겸손해야만 해. 그러기 위해선 (네가)

먼저 무릎을 꿇어야 한단다."

그 말씀을 듣는 순간, 저는 그 자리에 주저앉아 또다시 소리 내어 울었습니다. 하나님의 크신 계획 앞에서, 저는 그저 그 여정에 쓰임 받는 작은 도구였을 뿐이었습니다. 이 얼마나 감격스러운 은혜입니까. 결국 저는 이렇게 중얼거리듯 고백했습니다. "하나님, 정말 감사합니다. 그것이 하나님의 마음이고 뜻이었다구요? 북한을 써 주신다구요? 정말로요? 정말 감사합니다. 정말 감사합니다. 그런 이유라면 백번도 무릎 꿇을 수 있습니다. 북한, 꼭 사용해주세요."

저는 북한을 하나님께서 사랑하신다는 것은 분명히 알았지만, 마지막 때에 북한을 온전히 쓰실 것이라는 건 간과하고 있었던 겁니다. 하나님의 그런 크신 계획을 알았으니 얼마나 감격스러운 일입니까? 마치 '콩이야, 팥이야?' 따지러 갔다가, 분에 넘치는 큰 선물을 받아서 민망하고 감사하여 어쩔줄 모르겠는, 여러 감정이 교차되는 기분이었습니다.

북한에서 살았던 제게 가장 뿌리 깊게 각인된 '원수'는 미국, 일본, 그리고 남조선 괴뢰도당이었습니다. 북한의 교육체계 속에서 그들은 철천지원수로 각인되었고, 6 · 25전쟁의 책임은 오직 남한과 미국에 있다고 배웠습니다. 하지만 시간이 지나면서 알게 되었습니다. 남침의 주체는 북한이었지만, 그 배경에는 미국과 소련, 그리고 강대국들의 패권 경쟁과 냉전의 이데올로기 충돌이 있었다는 것을 말입니다. 결국 한반도는 전 세계가 치르는 전쟁의 장기판이었던 것입니다. 그 전쟁의 피해는 고스란히 한민족의 삶을 찢고 나누었고, 남과 북 모두에게 깊은 상처를 남겼습니다. 서로에게 총을 겨눌 수밖에 없었던 찢긴 현실, 그 상처와 분열을 더 아파하셨을 아버지의 마음이 느껴졌습니다.

그날 이후, 저는 하나님 아버지의 시선으로 세계를 바라보는 법을 배우게 되었습니다. 북한뿐 아니라 일본, 미국, 남한 모두를 아프게 바라보시는 아버지의 마음, 그분은 가해자처럼 보이는 민족의 사람들도 사랑하시고, 그 안에서 회복과 화해를 꿈꾸시는 사랑의 아버지셨습니다. 찢긴 역사의 틈을 사랑으로 꿰매어 가시는 하나님의 손길, 그 손길을 발견할 때마다, 저는 그런 아버지를 알게 된 제가 얼마나 복된 사람인지 다시금 고백하게 됩니다. 이런 진짜 아버지를 내 평생에 만났다는 것은 큰 축복이 아닐 수 없습니다.

이스라엘에서의 감격스러운 성회를 마치고 한국으로 돌아온 지 얼마 지나지 않아 놀라운 일이 일어났습니다. 1988년 테러지원국으로 지정되었던 북한이, 제가 한국에 귀국한 지 얼마 되지 않은 10월 11일에 테러지원국 명단에서 해제된 것입니다. 그것도 북한을 '악의 축'이라 불렀던 부시 대통령 재임 시기에 말입니다. 당시 저는 '악의 축'이라는 표현을 취소해 달라고 공개적으로 기도 요청을 하려 했지만, 하나님께서는 그 일을 은밀한 자리에서, 한 미국 선교사와의 기도를 통해 풀어가도록 인도하셨습니다. 전 세계 사람들이 모인 그 자리에서, 저는 북한 출신의 한 사람으로서 북한의 핵무기 개발에 대해 용서를 구하며 기도했습니다. 그런데 불과 열흘 정도 넘어 기사로 접한 이 소식은 제게 크나큰 기도 응답으로 다가올 수밖에 없었습니다. 물론 그로부터 9년 뒤인 2017년 11월 20일, 트럼프 행정부가 북한을 다시 테러지원국으로 지정한 일도 있었습니다. 지금도 북한은 핵 완성을 외치고 있고, 우리는 여전히 2017년의 위태로웠던 남북 관계를 기억하고 있습니다. 그러나 동시에 2018년에 불어왔던 '한반도의 봄' 또한 잊지 않고 있습니다. 하나님의 시간표가 어떻게 움직이는지는 사실 우리가 가늠하기조차 어렵습니다. 그것은 지금 이 순간에도 마찬가지입니다.

나의 아버지 박재심은

2004년 9월, 예수전도단 제주 열방대학에서 시작된 가을 DTS 훈련은 3개월의 강의 기간과 2-3개월의 전도여행으로 구성되어 있었습니다. 매주 강의와 예배, 공동체 훈련, 노동을 하며 동기들과 시간을 보냈습니다. 이 훈련의 모토는 '하나님의 음성을 듣는 삶'이었습니다. 그렇게 강의가 시작되었는데, 2주차 강의 주제는 '하나님 아버지의 마음'이었습니다. 그런데 1주차가 지난 시점에 어려운 일을 겪고 마음이 무너져 있었던 저는 그 주제가 마음에 들지 않았습니다. 강의 내용도 분위기도 불편하게 느껴졌고, 반발심마저 들었습니다. 하지만 시간이 흐르면서 하나님은 제 마음을 천천히 만지기 시작하셨고, 전혀 예상하지 못했던 일이 제 안에서 일어났습니다. 강의를 듣던 어느 날, 갑자기 저의 육신의 아버지의 인생이 하나의 영화처럼 머릿속을 달리기 시작했던 것입니다. 어릴 적에 저를 업고 다니거나 무릎에 앉혀 이쁘게 키워주시던 모습이 떠오르기도 했고, 철이 들면서 술주정과 가정폭력으로 인해 점점 커져만 갔던 미움도 함께 떠올랐습니다.

그런데 아버지의 또 다른 모습이 제 마음속에 들어왔습니다. 가족을 먹여 살리기 위해 김책에서 게를 쪄서 배낭에 짊어지고, 기차를 타고 함흥까지 가셨던 모습이 보였습니다. 삼촌이 다니던 2 · 8비날론연합기업소에서 나온 '니스'를 구입하여 흘러내리지 않게 잘 동여맨 채 배낭에 메고 집으로 오셨던 아버지의 모습도 보였습니다. 그걸 다시 수십리 길을 걸어 농촌으로 가져가 식량과 바꿔오기도 하셨죠. 그 길이 얼마나 고단했는지, 때론 녹초가 되어 돌아오셨습니다. 어머니가 동행하신 적도 많았는데, 니스가 흘러 옷을 망치기도 하고, 게나 수산물이 상해서 낭패를 보는 일도 있었습니다.

아버지는 우리 가족의 생계를 위해 3년간 러시아에 가셔서 영하 40-50도의 혹한 속에서 일하시며 돈을 벌어오셨고, 그곳에서 어머니와 저에게 사랑이 담긴 편지도 보내주셨습니다. 술을 마시지 않고 멀쩡하실 땐 밥상에서 늘 맛있는 것을 어머니 몫으로 챙기셨고, 몸이 아픈 어머니를 위해 부엌에서 밥을 짓기도 하셨습니다. 가장으로서 애쓰시던 그 모습이 새삼스레 제 눈에 떠올랐고, 문득 눈물이 쏟아졌습니다.

분명, 내 아버지에게는 여느 아버지들처럼 가족을 위해 살아오신 시간이 있었습니다. 하지만 술을 마시면 돌변하셨고, 저는 그로 인해 받은 상처가 너무 커서, 그런 아버지의 수고보다 아픔을 더 크게 기억하고 있었던 것입니다. 한편으로는 이런 생각도 들었습니다. 아버지의 술주정의 주요 화제는 엄마 쪽의 신분 문제였지만, 만일 우리가 북한이 아닌 다른 곳에서 태어났다면, 어쩌면 아버지의 삶도 그렇게 아프지는 않았을지 모른다는 생각 말입니다.

엄마의 가정 신분이 좋지 않았기 때문에 평생 출세할 수 없었던 것이 한이 되셨던 걸까요. 아버지는 술만 마시면 엄마 탓을 하셨고, 그 탓은 때로 도를 넘어섰습니다. 그런 상황에서 엄마 역시 아버지를 원수처럼 여기실 수밖에 없었습니다. 아버지가 술에서 깨신 후 멀쩡한 상태에서 엄마를 챙겨주려 하시면 어머니는 “병 주고 약 주지 말라”며 화를 내곤 하셨습니다. 차라리 가만히 있으면 좋겠다고 말하는 엄마의 심정을, 저는 이제 조금은 이해할 수 있습니다.

실은 제가 처음 탈북하기 전에도, 아버지가 술중독이 심하셔서 손을 떠는 모습을 보곤 했습니다. 그런데 2차 탈북 이후 그 증상은 더 심해졌고, 결국 뇌졸중이라는 진단을 받고 오른쪽 반신을 쓰지 못하게 되셨다고 들었습니다. 그런 상태였음에도, 제가 보고 싶어 수백 리 길을 걸어 혜산까지 오셨던 아버지였습니다. 가슴이 미어졌습니다. 그것이 아버지의 마음이었나 봅니다. 딸이 보고 싶어서,

그리운 딸을 만나고 싶어서 그렇게 오셨던 것이겠지요.

'하나님 아버지의 마음' 강의를 들으며, 저는 처음으로 아버지를 아버지로서가 아닌 한 영혼으로 바라보게 되었습니다. 그리고 그 인생이 참 안쓰럽고 짠하다는 생각이 들었습니다. 마음 한켠에선 처음으로 아버지를 사랑한다고 말하고 싶었고, 그렇게 미워했던 제가 아버지께 용서를 구하고 싶었습니다. 동시에, 우리 가족에게 아픔을 안기셨던 아버지를 용서한다고 말하고도 싶었습니다. 하지만 결국 그 말을 아버지께 해드리지 못했습니다. 1949년 10월 3일생이셨던 저의 아버지 '박재심'은 60세도 채 되지 못한 2008년 12월에 세상을 떠나셨기 때문입니다. 너무 이른 이별이 마음 아프고 야속했지만, 이제는 아픈 마음을 떠나보내고자 합니다.

이제는 제게 주어진 삶을 살아내며, 이 글을 통해 처음으로 아버지께 고백해 봅니다.

"아버지, 사랑합니다. 북한에서 태어나서 한 남자로, 가장으로, 60 평생을 살아내시느라 정말 수고 많으셨습니다. 꼭 천국에서 만나요."

틈틈이 아버지에게 복음을 전해드렸기에 아버지가 하나님을 믿으셨다고 믿고 싶은 저는 언젠가 천국에서 다시 아버지를 만나고 싶습니다. 꼭 그렇게 되기를, 오늘도 간절히 기도합니다.

21장

진짜 아버지를 만나십시오

아버지를 만나서 하나님 나라를 맛보다

이 땅에서 사는 모든 이들에게 '아버지'라는 단어는 저마다 다르게 다가올 것입니다. 누군가에겐 따뜻한 기억일 수 있고, 저처럼 상처로 가득 찬 기억일 수도 있으며, 혹은 이름만 들어도 분노가 치밀어 오르는 분들도 계실 겁니다.

저는 자살을 시도하려 했던 친구들을 여럿 만나고서 공통적으로 발견한 것이 하나 있었습니다. 그들 대부분은 가정이 깨어져 있었고, 특히 '아버지'에 대한 좋은 기억이 거의 없었다는 것입니다. 어머니와의 애착 관계는 정서적 안정감을 심어주지만, 한 '가정'이라는 울타리를 지탱하는 데 있어서 아버지의 존재는 결코 부차적인 것이 아니었습니다.

아버지는 단지 경제적인 책임만 지는 사람이 아닙니다. 아버지는 가족에게 삶의 방향을 제시하고, 정체성과 존재의 안전을 심어주는 사람입니다. 아버지가 부재하거나 무너질 때, 가정은 중심을 잃고 흔들립니다. 아이들은 자기 존재가 불확실하다고 느끼고, 세상에 딛고 설 '바닥'이 없다고 생각하게 됩니다.

아버지란 존재만으로도 위안이 되고 힘이 되며, 안정감을 주는 사람입니다. 그래서 저는 믿습니다. 이 땅의 아버지들이 회복되어야 가정이 살아날 수 있다고요. 그리고 그 시작은 이 땅의 모든 아버지들이 먼저 '진짜 아버지'를 만나는 것에서부터 출발해야 한다고 믿습니다. 하늘 아버지를 모르는 아버지는 자신이 누구인지, 왜 이 가정을 책임지는지, 무엇을 위해 오늘도 버티고 있는지조차 모른 채 살아가게 됩니다. 그런 이 땅의 모든 아버지들에게 제가 만난 하나님 아버지를 소개하고 싶어서, 이 책의 많은 부분을 그분에 대한 이야기로 채웠습니다.

저는 한국 사회에 정착하기 전에 먼저 하나님 아버지를 만났습니다. 그곳에서 '하나님의 나라'를 맛보았습니다. 제가 아버지 하나님을 만나면서 가장 감사했던 것은 '내가 누구인지' 알게 되었다는 것입니다. 동시에 '내가 죄인'임을 알게 되었다는 것도 큰 선물이었습니다. 참으로 경이로운 일이었습니다. 이전에는 제가 그냥 좀 잘난 줄로만 알고 살았지, '죄인'이라는 생각은 한 번도 해본 적이 없었거든요. 그래서 매일매일, 참회와 감사가 엇갈리는 감격의 시간이 이어졌습니다.

나의 전부가 되시고 내 인생의 주인 되시는 하나님, 그분의 말씀과 가르침을 따라 사는 삶은 저에게 아주 당연한 일이 되었습니다. 사도 바울이 말했던 것처럼, 세상의 모든 것들이 정말로 '배설물'이 되어버렸습니다. 돈, 명예, 부를 좇는 삶이 얼마나 헛된 것인지 알게 되었고, 하늘 아버지께서 가르쳐주신 삶의 방식을 따라 살고자 하는 마음이 강해졌습니다.

아버지의 통치 아래에 들어가다

하나님 나라의 가치관이 제 안에 자리 잡으면서, 공동체의 중요성과 함께 살아가는 삶의 가치를 깊이 깨닫게 되었습니다. 개인주의에 갇힌 삶이 얼마나 위험한지도 철저히 알게 되었습니다.

2005년 9월, 제가 처음 설립한 공동체인 '하나님의 나라를 세우는 사람들의 공동체'에서 사도행전 2장의 삶을 조금이나마 흉내 내보려 했습니다. 형제의 어려움을 외면하지 않고, 각자에게 부어주신 은혜를 시간과 재정으로 흘려보내며, 함께 아파하고 기도하는 삶, 그것이 바로 우리가 꿈꾼 하나님 나라의 일상이었습니다.

결국 '하나님 나라'의 삶을 산다는 것은 단지 개인적인 신앙생활에 머무르는 것이 아니라, 삶의 모든 영역에서 하나님 아버지의 통치 아래에 들어가기로 결정하는 것이었습니다. 그리고 그 통치 안에 들어가면 복잡하게 고민하지 않아도 됩니다. 그냥 그분의 품 안에서 살면 되는 것입니다.

감사하게도 예수전도단에서 '세상의 8대 영역'(정치 · 경제 · 종교 · 문화 · 매스미디어 · 가정 · 교육 · 과학 & 군사)을 품고 기도하는 훈련을 하면서, 저는 하나님 아버지의 자녀로서 세상 속에서 어떤 역할을 감당해야 하는지를 점차 깨달아갈 수 있었습니다. 제가 한국에 오기 전에 하나님을 만나지 않았더라면 아마 세상적이고 지엽적인 시야를 가지고서 무가치한 삶을 살았을지도 모릅니다. 북에서도 중국에서도, 그 무엇으로도 채워지지 않던 제 '존재'가 비로소 인생다워지는 채워짐으로 가득 찼고, 그렇게 저의 한국 생활은 시작되었습니다. 지금도 그 여정을 따라 걷고 있습니다.

하나님 아버지를 만난 이후, 저는 기독교를 단순히 '종교'로 분류하는 것을 좋아하지 않게 되었습니다. 하나님은 어떤 사상이나 체계가 아니라, 살아계신 나의 아버지, 우리의 아버지이시기 때문입니다. 그분이 다스리시는 나라는 '공포와 통제의 나라'가 아닌 사랑과 자유, 정의와 평화가 충만한 나라입니다. 그렇기에 북한 땅에서 '가짜 아버지'를 경험했던 저에게 '진짜 아버지'가 생겼다는 사실은 이 세상의 어떤 언어로도 다 담아낼 수 없는 깊고도 큰 감격이었습니다.

하나님은 억지로 강요하지 않으시고 언제나 사랑으로 초대하는 분이십니다. 회복의 손을 내미시고 늘 그 자리에서 두 팔 벌려 기다리시는 아버지이십니다. 우리는 그 품에 안기기만 하면 됩니다. 이 하나님의 나라에 들어가게 되면 우리의 존재는 환골탈태하게 됩니다. 하나님 나라의 통치는 세상의 가치와 정반대의 질서를 가지고 있기 때문입니다. 우리는 여기서 '정체성'을 회복하게 됩니다.

사람들은 저희 같은 이들을 '탈북자', '탈북민', '자유이주민' 등으로 부릅니다. 하지만 저의 분명한 정체성은 단 하나, '하나님의 딸'이라는 것입니다. 그것 하나면 됩니다. 세상이 무엇이라 불러도 흔들리지 않습니다. 저는 하나님 나라에 속한 자이기 때문입니다.

진짜 아버지 나라의 사랑

저의 진짜 아버지, 하나님께서 제게 가르쳐주신 삶은 미움보다는 사랑을, 정죄보다는 회개를, 대립이 아닌 화해를, 복수가 아닌 용서를, 전쟁이 아닌 평화를, 대적이 아닌 끌어안음을 살아내는 삶이었습니다. 그분이 보내신 예수님의 사명 또한 단 하나였습니다. 우리가 아버지께로 돌아가는 것입니다. 하나님 나라는 바로 그 사명이 이루어지는 곳입니다. 그래서 저는 믿습니다. '하나님의 나라'는 남과 북의 통일, 그것 위에 있습니다. 그것은 사람과 사람, 사람과 하나님 사이의 더 깊고 넓은 통일입니다. 그 나라는 정말 좋은 나라입니다. 그리고 그런 나라의 아버지를 제가 만나게 되었다는 사실은 제 생애에서 가장 큰 축복입니다.

이덕주 교수님은 그의 저서《기독교 사회주의 산책》에서, 서로 다른 체제를 학습한 남과 북이 어떻게 대화를 시작하면 좋을지를 고민하며 제3의 길을 제안합니다. 프랑스 대혁명에서 비롯된 세 가지 가치, '자유, 평등, 박애' 중 한국은 '자유'를, 북한은 '평등'을 학습했는데, 이제는 그 둘을 잇는 제3의 길, 바로 '박애', 곧 기독교의 사랑이 필요하다는 제안이었습니다. 책 제목에 있는 '사회주의'라는 단어가 무색할 만큼, 이 책의 내용은 성경에 나오는 공동체 이야기로 가득합니다. 구약의 '나눔의 신비를 체험하는 만나 공동체', '까치밥과 안식년의 평화 공동체', '땅따먹기와 희년 공동체', 그리고 신약의 '나눔과 섬김의 성만찬 공동체', '오순절 성령 공동체'에 이르기까지, 남과 북이 어떻게 대화하고 공존하며 상생할 수 있을지를 성경 속에서 찾고자 하는 깊은 모색이 담겨 있습니다. 그래서 하나님 아버지는 '하나님 나라의 모델'로서 가장 먼저 '가족'(아담과 하와), 즉 인류의 시작을 공동체로 출발하게 하신 것입니다.

또한 김형국 목사님께서는 최근 저술하신《뿌리 깊이, 하나님나라》에서 우리의 인생을 '임시 체류자'에 비유하셨는데, 저도 백 번 공감합니다. 아버지를 만난 이후, 저는 인생이 정말 '잠시 머물다 가는 나그네의 삶'이라는 것에 온몸으로 공감했기 때문입니다. 이 땅에 발을 붙이고 살아가지만, 하나님 나라에 뿌리를 내리고 사는 삶, 그것이야말로 우리 모두가 함께 더불어 잘 살아갈 수 있는 유일한 길이라고 저는 믿습니다.

이제는 북에서도 남에서도 '진짜 아버지'를 만나야 할 때가 절박해 보입니다. 진짜 아버지를 만나야 자녀는 안정을 찾게 되고, 자기 길을 건강하게 걸어갈 수 있습니다. 아버지를 만나야 하고, 그분이 계시는 나라에 들어가야 합니다. 그리고 그 마당에서 마음껏 뛰놀아야 합니다.

온 세상을 지으신 창조주이시지만, 누구보다 나를 '아들', '딸'이라고 불러주시는 분, 그분을 진정으로 만날 때, 이 땅의 아버지들도 비로소 자신의 정체성과 사명을 회복하게 됩니다. 그 회복은 가정과 사회, 민족의 회복으로 이어질 것이며, 마침내 열방을 향해 나아가게 하는 밑거름이 될 것입니다.

진짜 아버지를 만난 제가, 이제는 성경 전체의 말씀이 저의 삶의 기준이 되었지만, 그중에서도 저를 살아가게 하는 깊은 인사이트와 동력이 되었던 몇 구절을 소개해 드리고자 합니다.

"한 사람이 두 주인을 섬기지 못할 것이니 혹 이를 미워하고 저를 사랑하거나 혹 이를 중히 여기고 저를 경히 여김이라 너희가 하나님과 재물을 겸하여 섬기지 못하느니라"(마 6:24).

제 인생에는 두 주인이 있을 수 없습니다. 오직 하나님 아버지, 그분만이 제가 섬기고 모실 유일한 주인이십니다.

"너희 안에 이 마음을 품으라 곧 그리스도 예수의 마음이니 그는 근본 하나님의 본체시나 하나님과 동등됨을 취할 것으로 여기지 아니하시고 오히려 자기를 비워 종의 형체를 가지사 사람들과 같이 되셨고 사람의 모양으로 나타나사 자기를 낮추시고 죽기까지 복종하셨으니 곧 십자가에 죽으심이라"(빌 2:5-8).

이 말씀은 제가 강의할 때마다 가장 많이 인용하는 구절입니다. 세계선교는 물론, 특히 북한과 통일선교를 품고 있는 분들이 이 말씀 하나만 가슴에 품고 살아낸다면 충분하지 않을까 생각합니다. 이 말씀을 잘 살아낼 수 있는 모범 교재로 오대원 목사님의 《두려움의 집에서 사랑의 집으로》를 참고하면 정말 좋습니다.

"그러므로 나의 사랑하는 자들아 너희가 나 있을 때뿐 아니라 더욱 지금 나 없을 때에도 항상 복종하여 두렵고 떨림으로 너희 구원을 이루라"(빌 2:12).

이 말씀은 평생 두렵고 떨림으로 제 마음속에 간직하고 살아가는 말씀입니다.

진짜 아버지를 꼭 만나게 되시기를

2025년 7월 11일로 저의 결혼생활 16년이 끝나고 17년 차가 시작되었습니다. 제 남편은 숙명여자대학교 앞에서 10년째 컵밥 가게를 운영하며, 숙대생들에게 '숙대 아버지'라는 별명을 얻었습니다. 줄여서 '숙대디(daddy)', '숙파파(papa)'라고도 불립니다. 목사이기도 한 남편은 10년차를 맞이하여 주님의 왕 되심을 컵밥 가게에 반영하고자 '킹스컵밥'으로 브랜드를 바꾸고 새로운 출발을 시작했습니다.

자녀가 없는 저희 부부가 오래전부터 품고 있던 기도제목이 있습니다. 경제적으로 웬만큼 자립이 되면, 하나님께서 허락해주시는 선에서 혼자가 된 아이들의 후견인으로서 살아가는 것입니다. 그런데 벌써 아이들이 먼저 이렇게 불러주니 남편이 무척 기뻐합니다.

남편은 17년간 저에게 남편이자, 든든한 아빠처럼 늘 제 곁에서 사랑을 아낌없이 부어준 사람입니다. 통일가정으로서 많은 어려움을 지나왔지만, 지금의 우리 가정에는 어느덧 남북통일이 이루어졌고, 그 어느 때보다 사랑을 나누며 살고 있습니다. 신학 공부도 남편은 예장 백석, 저는 감신에서 했지만, 신학적 교리로 다툰 적이 없습니다. 그러니 신학적으로도 통일을 이룬 셈이지요.

이제는 둘이 손을 맞잡고, 남한에서 통일된 한반도를 위해 현장에서 잘 살아내고, 하나님께서 문을 여신다면 언젠가 북쪽 제 고향 김책으로 향하게 될 것 같습니다. 가서 동생도 찾고, 아버지와 막냇동생의 묘소도 들러보며, 친척들과 동창들도 살아 있는지 살피고 싶습니다. 그들이 살아 있다면, 제가 만난 '진짜 아버지'를 꼭 소개해드리고 싶습니다. 그리고 제가 꿈꾸었던 다음세대 아이들과 가장 어려움 속에 사는 이들을 찾아, 원없이 배부르게 먹을 수 있는

'쌀창고'를 짓고서 밥을 해주고 싶습니다. 그렇게 삶을 나누며, 하나님 나라에 뿌리내리고, 천성을 향해 함께 가자고 손을 내밀고 싶습니다.

에필로그

아버지의 인도하심을 따라 다음 계절로

북한과 남한에서 각각 22년씩을 살아본 제가 두 체제의 차이를 '이렇다 저렇다'라고 단정적으로 말하기는 쉽지 않습니다. 왜냐하면 두 체제는 삶의 방식과 가치, 그리고 인간을 바라보는 시선까지 너무도 다르기 때문입니다.

북한은 사회주의 · 공산주의 사회를 지향하며, 먹고사는 문제는 배급시스템으로, 교육은 김씨 가문 중심의 사상으로 획일화되어 있었습니다. 사회는 집단주의 체제로 작동되었고, 개인은 언제나 정해진 틀 안에서 사고하고 행동하며 살아가야 했습니다. 반면 한국 사회는 하나부터 열까지 삶의 거의 모든 것이 개인의 선택으로 결정되는 자유민주주의 국가였습니다. 이렇게 전혀 다른 두 체제에서 제 생의 절반씩을 살아온 제가, 만약 하나님 아버지를 만나지 못했다면 제 인생이 어디로 흘러갔을까 하는 생각을 가끔 해봅니다. 그리고 그 질문 앞에서 늘 마주하게 되는 결론이 하나 있습니다. 저는 끝내 '인생이란 무엇인가'라는 질문에 답을 찾지 못한 채 무의미한 삶을 살았을 거라는 겁니다. 인생이 돈만 벌다가 끝나는 것이라면 너무 슬펐을 것이고, 그저 혼자 잘 먹고 잘 살다가 죽는 것이라면 그것 또한 허무했을 것입니다.

북한에서 살던 시절, 제 인생의 가장 큰 사명은 '정치적 생명'을 명예롭게 지키는 일이었습니다. 가장 존경하는 아버지로 여겨졌던 '그 분'을 위해서라면 목숨도 바칠 수 있다고 믿었습니다. 그러나 그 충성심은 굶주림 앞에서 너무도 허무하게 무너졌습니다. 배고픔에 밀려 도착한 낯선 땅에서 불과 한 달도 안 되어 그 작은 배를 채울 수 있다는 사실을 경험했을 때 느꼈던 허탈함은 지금도 잊을 수 없습니다. 온 마음을 다해 실현해야 한다고 믿었던 공산주의 이상, 곧 '이밥(쌀밥)에 고기국을 먹는 삶'이 너무도 쉽게 이루어지는 것을 깨달았을 때, 제 인생의 가치 기준은 완전히 무너졌습니다. 그렇게 해서 삶의 기준이 사라진 제 안에는 또 다른 본능이 자리 잡았습니다. 집안의 맏이로서 가족의 생계를 책임져야 한다는 것이 무의식적인 사명이 되었고, 결국 '돈을 버는 것'이 제 인생의 가장 중요한 목적이 되었습니다.

같은 하늘 아래 같은 인간으로 살아가면서도, 돈을 벌 수 있는 조건과 기회가 말도 안 되게 다르다는 현실을 깨달았을 때의 허무함 또한 제 인생 깊숙이 남아 있었습니다. 그럼에도 고향에 남겨진 가족을 살리는 길이 '돈'이라는 사실은 북에서 숱하게 굶어 죽어가는 사람들을 보며 몸으로 배운 저 나름의 진리였기에, 그보다 더 가치 있는 삶이 있을 것이라곤 생각하지 못했습니다.

그러나 하나님은 저를 그 자리에 머물게 두지 않으셨습니다. 눈앞의 생존을 넘어 북한의 미래를 생각하게 하셨고, 다음 세대를 제 마음에 품게 하셨습니다. "지금은 여기서 나가야 한다. 성공해서 돌아와 다음 세대를 살려야 한다." 그때는 알지 못했지만, 예수님을 인격적으로 만난 이후에야 그 모든 과정이 하나님의 계획과 섭리였음을 깨닫게 되었습니다.

그렇게 '아버지 대원수'라 불리던 김씨 가문의 울타리를 벗어나, 육신의 아버지를 떠나 하나님 아버지를 만나면서 제 인생은 새로운 궤도에 들어섰습니다. 하나님 아버지를 인격적으로 만난 후, 저는 더 이상 무엇을 이루어야 할지를 묻지 않게 되었습니다. 아버지의 인도하심을 따라 사는 것, 그 자체가 제 삶의 목적이 되었기 때문입니다.

제 20대는 가장 파란만장한 시간이었습니다. 굶주림과 탈출, 북송과 감옥, 낯선 땅에서의 외로움과 두려움이 뒤엉켜 있던 시간이었습니다. 그 시간 속에서 저는 살아남는 법은 배웠지만, 왜 살아야 하는지는 알지 못했습니다.

2002년 스물여섯 살에 하나님 아버지를 만나며 한국 정착의 삶을 시작한 저는 어린아이가 아버지의 뒤를 따라 한 걸음씩 새로운 세상으로 들어가듯 살아가기 시작했습니다. 신학교에 들어가고 더 깊은 하나님 나라로 들어가게 된 저는 서른 살에 중보기도 사역을 시작해 10년의 시간을 보내게 되었습니다. 지금 돌아보면 그 시간은 마치 은혜의 바다에 둥둥 떠다녔던 시간 같았습니다. 국내는 물론 해외의 많은 곳을 다니며 크신 하나님의 경륜과 일하심을 보게 되었고, 특히 남북통일이 현대사 속에서 하나님께 얼마나 중요한 사안인지를 알게 되었습니다.

남편을 만나 통일가정을 이룬 것도 제게는 큰 사건이었습니다. 또한 이때에 하나님께서 영적 아버지 오대원 목사님을 만나게 하신 것도, 혈연을 넘어선 하늘 가족을 허락하신 것도 제 인생에 주신 큰 은혜였습니다. 중보기도 사역을 감당했던 10년은 제 삶의 뿌리를 하나님 나라에 깊이 내리고, 아버지의 시선으로 세상을 보게 되는 시간이었습니다. 무엇보다 남한도 북한도 동일하게 사랑하시는 아버지 하나님의 마음을 제 영혼 깊숙이 담게 된 시간이었습니다. 저를 처음 만나주실 때부터 "원수를 사랑하라"는 말씀으로 강렬하게 다가오셨던 이유를 그 시간 속에서 조금씩, 그리고 점점 깊이 깨닫게 되었습니다. 남과 북이 서로를 용서하고 화해하며 끌어안기를 바라시는 아버지의 마음을 끊임없이 보여주셨고, 그 마음을 삶으로 살아내도록 인도하셨습니다.

마냥 기도 사역만 할줄 알았던 저를 하나님께서는 마흔 살이 되던 2016년에 의외의 자리로 부르셨습니다. '통일코리아협동조합 이사장'으로 부르신 것입니다. 조합원과 후원자가 약 300명인 '통일코리아협동조합'은 이름처럼 통일코리아의 작은 모델과 같은 곳이었습니다. 연령대가 다양했고 직업군도 다양했으며, 해외 동포와 외국인, 북향민들이 함께 어우러진 공동체였습니다. 그곳에서 통일의식의 확산과 더불어 북향민 사업가들의 자립을 도우면서, 남과 북이 서로 협력할 수 있는 그림을 어떻게 그려야 하는지를 하나님께서 제게 가르쳐주셨습니다. 그 자리에서 저는 다가오는 통일을 맞이하기 위해 서로 다른 체제에 익숙해진 사람들이 무엇을 바꾸어야 하고 어떤 가치관을 내려놓아야 하며, 또한 어떤 가치를 새롭게 배워야 하는지, 그리고 서로에게 어떻게 적응해가야 하는지를 끊임없이 배우게 되었습니다.

저의 40대는 목회학, 경영학, 정치법학이라는 공부를 병행했던 시간이기도 합니다. 한국에 와서부터 시작된 공부는 지금도 끝나지 않았습니다. 통일시대를 대비하여 다른 사람들의 열 배, 백 배를 배우고 전문성을 길러야 한다는 마음이 가득하기 때문입니다. 이렇게 돌아보니 저의 30대는 하나님 나라에 뿌리를 내리는 시간이었고, 40대는 그 나라의 가치관을 품고 세상 한복판에서 함께 살아가는 법을 배워간 시간이었습니다.

이제 2026년 2월 16일이 되면 저는 50대의 문에 들어서게 됩니다. 50년은 성경에서 희년으로 불리는 해입니다. 저는 이 해를 제 인생의 '희년'으로 맞이할 마음의 준비를 하고 있습니다. 그래서일까요? 50대를 시작하는 2026년, 하나님께서 지금까지 응축해 두셨던 제 삶을 하나씩 펼쳐 보이시며, 남은 생애를 희년의 정신으로 살아가게 하시는 새로운 출발선에 저를 세워 주시는 것 같은 깊은 예감이 있습니다.

이 책을 읽고 계신 여러분은 지금 어디쯤에 서 계신가요? 혹시 삶의 기준이 무너진 자리에서 다시 붙잡을 무언가를 찾고 계시지는 않나요? 혹은 많은 것을 이루었음에도 마음 한켠이 여전히 비어 있지는 않으신가요? 저는 믿습니다. 사람은 결국 아버지를 만나야 쉼을 얻고, 아버지의 인도하심을 따라갈 때 비로소 다음 걸음을 내딛을 수 있다는 것을요.

제 삶을 돌아보면, 언제나 제 생각보다 높으신 하나님의 생각이 저를 놀라게 하셨고, 예상하지 못한 자리로 이끌어 저를 세우셨습니다. '하나님의 나라를 세우는 사람들의 공동체'를 설립하던 2005년 8월에도, 통일코리아협동조합의 이사장 자리를 제안받았던 2015년 10월에도 동일한 마음을 주셨습니다. 통일코리아협동조합 이사장 직을 최종적으로 수락하기까지 일주일간의 기도 가운데 하나님께서 제게 주셨던 말씀은 마태복음 25장이었습니다. 그 말씀을 통해 제 사명을 다시 확인시켜주신 은혜를 이 글에 다 담을 수는 없지만, 한 가지는 분명합니다. "지극히 작은자 하나에게 한 것이 곧 내게 한 것"이라는 주님의 깊은 뜻, 그리고 제게 맡기신 달란트의 몫을 결코 잊지 않겠다는 다짐입니다.

저는 죽는 날까지 '한 영혼을 천하보다 귀히 여기시는' 주님의 마음을 제 가슴과 영혼에 새기고, 그들과 함께 걷고 함께 살아가다가, 아버지께서 계시는 본향으로 함께 기쁘게 돌아가고 싶습니다. "저는 부족합니다. 못합니다"라는 말을 연발하는 제게, 하나님은 늘 "네가 하는 것이 아니다. 나랑 함께 하는 것이다. 내가 할 것이다"라고 말씀하셨습니다. 그렇게 아버지 하나님은 제게 용기를 주시고 힘을 주시며, 한걸음씩 앞으로 나아가도록 저를 이끌어주셨습니다. 그래서 저는 앞으로 어떤 롤러코스터 같은 시간을 만나든, 또다시 광야를 걷게 되더라도, 이미 제 삶에 베풀어 주신 은혜와 지금도 쉬지 않고 부어 주시는 은혜, 그리고 분명히 다가오고 있는 은혜를 바라보며 아버지의 손을 다시 꼭 붙잡습니다.

새로운 믿음으로, 새로운 은혜로, 새로운 사명으로, 또한 그분이 인도하시는대로 제 인생의 다음 계절을 향해 걸어가려고 합니다. 이렇게 저를 인도해주시는 좋은 아버지를, 이 책을 읽고 계시는 당신도 꼭 만나시기를 간절히 바랍니다.

The Real Father
among
Four Fathers